法眼观澜

——一个法律人眼中的现实、历史、灵魂

刘仕毕　著

知识产权出版社
全国百佳图书出版单位

图书在版编目（CIP）数据

法眼观澜：一个法律人眼中的现实、历史、灵魂 / 刘仕毕著. —北京：知识产权出版社，2016. 1

ISBN 978 - 7 - 5130 - 3832 - 4

Ⅰ.①法… Ⅱ.①刘… Ⅲ.①司法制度—中国—文集 Ⅳ.① D926-53

中国版本图书馆CIP数据核字（2015）第 241240 号

内容提要

仓颉造字，鬼神夜哭。或描述或辩驳或抒怀，文字直击人心。皋陶治狱，獬豸为用。辨黑白、决是非、鉴真伪，法律简峻如刀。

二十年职业法官生涯，案牍劳形之余，观世事、读旧史、省内心，偶有所得，或评或议或吟。于世事时政，作“法眼评弹”。于旧闻旧事，戏“法眼观史”。于职业感悟，录“刀笔二十年”。于胸臆肺腑，抒“非法语”。世事、历史、心情、职业，微澜入眼。长期司法历练，养成法官之眼、法律之眼、法治之眼，故名《法眼观澜》。

挑战自我，离职清零，只留下对现实、历史、灵魂的思考。

责任编辑：崔　玲　　**责任校对**：董志英

装帧设计：王　莹　　**责任出版**：刘译文

法眼观澜

——一个法律人眼中的现实、历史、灵魂

Fayan Guanlan

刘仕毕　著

出版发行：知识产权出版社有限责任公司		网　址：	http://www.ipph.cn
社　址：	北京市海淀区马甸南村1号（邮编：100088）	天猫旗舰店：	http://zscqcbs.tmall.com
责编电话：	010 - 82000860 转 8121	责编邮箱：	cuiling@cnipr.com
发行电话：	010 - 82000860 转 8101/8102	发行传真：	010 - 82000893/82005070/82000270
印　刷：	北京富生印刷厂	经　销：	各大网上书店、新华书店及相关专业书店
开　本：	880 mm × 1230 mm　1/32	印　张：	9.625
版　次：	2016年1月第一版	印　次：	2016年1月第一次印刷
字　数：	235千字	定　价：	36.00元

ISBN 978 - 7 - 5130 - 3832 - 4

目　录

法眼评弹

公路局冷对生效判决
大法官戏说法治权威

据报道，2011年12月6日河南省法院系统开展“万名法官回访万名当事人”活动，河南省高级人民法院院长、二级大法官张立勇帮助驻马店遂平县某村民向该县公路管理局讨回早该执行到位的两万多元。

县公路管理局作为被执行人为何近两年未主动履行人民法院生效判决？县法院在两年的执行中采取了哪些执行措施？县公路管理局如何应对县法院的执行措施？报道中没有提及，我们无从知晓。

大法官如何帮助申请执行的村民讨回公道，如何在被执行人县公路管理局面前树立了法治权威？报道很详细，请让我们欣赏这个颇具戏剧色彩的场景。

在遂平县，听到上访群众齐某升反映为了两万多元奔波一年多后，张立勇院长很是气愤，一把拉住齐某升的手说：“走，现在我就带你去县公路管理局，今天就把事情给解决了。”

在遂平县公路管理局，张立勇院长召集相关人员，语重心长地说：两万多块钱，一年半了还没有落实到位，这是你们工作上的严重失职。这钱对你们来说不算什么，对老百姓却是救命钱。齐某升家徒四壁，房顶还漏雨，这么冷的天，外面下雨，家里也下雨。今天我就是来找你们要账的，无论如何都必须把钱给落实到位。快到年根了，得让百姓过一个好年，不能再让百姓受苦了。

院长出招，果然不凡。当事人奔波一年多，未果；基层法官执行一年多，未果；大法官三言两语，搞掂。

且慢，张院长似乎没有完全达到要账的目的。

细细体会大法官在县公路管理局的宏论，通篇动之以情，却没有看到法律人的法言法语，没有谈及县公路管理局冷对生效判决该不该打屁股，更没有说该如何打屁股。村民两万多元的账要到了，但法院判决一年多得不到执行，这笔账该如何算？这笔账张院长没要到，张院长甚至没想到要这笔账。

报道没有深入刻画县公路管理局工作人员的内心世界，“他人有心，予忖度之”，请允许笔者以一个普通理性人的身份揣摩之。张立勇大法官莅临了，款项立马落实，说明县公路管理局不缺钱。“俺有钱，俺就不给你，你个小小村民能把俺咋的。俺懂法，俺就不守法，你个小小基层法院能把俺咋的！”这大概就是县公路管理局敢于不履行生效判决义务的底气。张立勇大法官莅临了，县公路管理局不再把敷衍县法院的借口抬出来。“副省级高官突然来，压力山大，识时务者为俊杰，跟谁过不去都别跟大领导过不去。”于是，村民拿到钱，法院结了案，县公路管理局没受伤，皆大欢喜。县公路管理局真的是因为深切感受了老百姓的苦而付钱吗？未必。张立勇大法官真的为基层法院扳回了一分吗？未必。张立勇大法官的完胜真的是法治的胜利吗？未必。

一切都没有改变。下一个村民期待着下一个张立勇向下一个公路管理局追讨早该得到的执行款。剧情没变，人物没变，台词没变，变的只是马甲。

为村民感到庆幸的同时，我仍然免不了弱弱地嘀咕：

倘若张立勇不是大法官，不是副省级高官，不知他能否进入县公路管理局，能否召集相关人员，能否感人肺腑地动之以情，县公路管理局能否立马买账？

倘若张立勇大法官面对的不是小小正科级的县公路管理局，而是行政级别更高的部门，亦不知他能否进得去并召集相关人员，能否感人肺腑地晓之以理，该部门能否买账？

倘若广大看客从张立勇大法官完美的演出中领悟出，有理不如有人，诉讼不如上访，找法律不如找领导。人民法院是否应成编制并入信访局？人民法官是否应集体转业至信访办？

（2011年12月8日于穗）

冤案感想录

刑案事关生命、自由、财产、尊严，不敢不慎。案涉事实、证据、法律、情理，不得不思。无论法官的生存态如何，卷宗永久存放，良知时刻拷问，不唯上，不唯权，不听政客忽悠，办好每个案件。

冤狱的炼成，多重原因、多人接力。身为裁判官，希望不在自己手中加柴添火，更期待“借我火眼睛，还人清白身”。

办好一万个案件是本分，办错一个冤案足以身败名裂，正所谓：千次中的，庙堂无名；一次失手，江湖遗臭。某种意义上，法官职业是回报率为负数的长期风险投资，远不如图书管理员。

律师成功辩护一个冤案就可横着行走江湖，法官纠正一个错案，未必能得到纸质奖状一张，真心觉得不公平。但如能在自己手中，拨云见天，成就感又非律师可比。

控辩对立、裁判中立是刑事诉讼的基本构造。辩护律师的介入有助于公平正义而不是相反。辩方有理，有助于发现真相；辩方无理，有助于印证判断。控方天然抗拒辩护，但法官却不可，否则必沦为第二公诉方，炒别人的豆坏自己的锅，不值得。

引致冤案的原因并未完全消除，相应理念、制度、规则、程式的反思并未完结。命案必破，有罪推定，重口供轻证据，限制剥夺辩方权利，“三长”会商，案件请示，提前介入，非法证据难以排除，发改率考核等违反诉讼规律、违反诉讼程序的做法未从制度层面彻底纠正。

刑讯逼供、暴力取证的确让法官头疼，但最让法官发怵的是侦控方伪造证据。侦控方伪造证据的案子，谁遇到谁死，纯属运气，与业务水平无关，除非其他疑点特别多。不能因为控方是公职人员就万分信赖。二审难以决断时还有发回重审作杀手锏回避矛盾，一审却必须决断，一审法官压力尤其大。

法官之上的法官、法官之外的法官、法官之后的法官，无助于真实的发现，无助于公平正义的实现。裁判是认识过程，职位与智商并不成正比。行政化的司法运作机制，民工化的法官管理模式，对于真实的发现，对于公平正义的实现，利弊如何、效果怎样，值得进一步探讨商榷。

锻造冤案易，昭雪冤狱难！一个冤案在统计报表中只是百万分之一，但对于冤狱者却是百分之百。正义是相对的，但蒙冤却是绝对的！错案虽难杜绝，冤狱却必须零容忍！

人权保障、无罪推定不仅仅是原则、理念、口号，更需要外化体现在具体制度规则程式中。构筑控辩对立、裁判中立的诉讼结构是第一层面的要求。重构公、检、法关系，用权力制约权力是第二层面的要求。宪行天下，法治中华，用权利制约权力则是第三层面的要求。

（2013年3月30日 于穗）

靖江拘留律师事件感想

嫌疑人、被告人的辩护权是宪法权利，聘请律师参与诉讼是法定权利，应受尊重与保障，无论其是杀人狂魔还是思想异端。如何辩护基于律师自身的业务判断，不需要与侦控方协调，也不需要裁判官许可。控辩围绕事实、证据、法律，相互对抗辩驳，裁判方审查证据、确认事实、适用法律并做出裁判。听取控辩意见，有理采纳，无理驳斥。控方拥有强大的社会资源，如果裁判的天平倾斜于控方，辩方无路可走。如果控、辩、审共同对付被告人，则被告人是案上鱼肉。

拘得糊涂，放得糊涂，应对得糊涂。律师妨害诉讼的事实、证据何在，过错、责任是否应当适用拘留处罚？匆忙释放，理由何在？如果是因为惩戒已有效果，提前解除拘留，则应建立在认错悔过基础上，请出示悔过书。若处罚得当，岂可因外来压力而弃守阵地？若处罚无理，当还公众真相，给公众以交代，岂可葫芦瓜装葫芦案？自媒体时代，关切已经不仅仅是一份情感，还是一种力量法院需慎重考虑。可以在法内技术解决的问题，律师以法外力量、经法外途径获得释放,对法治的冲击后果不言而喻。此次事件靖江完败，律师未赢，得分均为负。

整个事件中，靖江法院可谓进退失据、手足无措。草率处罚于前，缩头躲避于中，仓皇败退于后。该亮智慧时亮出了肌肉，该亮肌肉时气血不足。视频不出，证据不出，事实不出，领导不出。从任由事件发酵到闭门研修，再到匆忙释放。官网新闻、论坛的山寨文稿何其弱智；无沟通、无交代何其胆怯！应对处置公共事件的能力不敢恭维。

靖江事件也暴露了我国诉讼法中的一个严重缺陷：缺乏程序性制裁措施。诉讼法只规定了程序应当如何运行，法、检、公应当怎样，没有规定如果不这样，又当怎样，更未规定采取哪些救济途径、承担何种法律责任。程序法仍然定位于办案规程，仍然以办案机关之便为便，没有上升到权利保障、权力制约的高度。此事件未能由上级法院听证复议，未能纳入法律技术内解决，根源于此。宜粗不宜细的立法原则已经不适应高度发达的社会经济政治结构。程序工具主义和程序虚无主义于立法时已然埋下地雷，司法实践中自然时时引爆。

谦抑是司法基本的品格，对法条的解读尤其是对限制、剥夺公民权利法条的解读更需保持足够的张力与弹性，不可过度解读，从而过度扩张自身权力。违法行为与法律责任平衡适应，过错、责任、处罚相适应，在妨害诉讼秩序的司法处置中同样适用。司法权威、司法公信远远未达到公众无可置疑的现状下，展示力量尤其需要慎重。

刑事案件中本应控辩对立，却是律师、法官或庭内发飙或微博激辩，检察官置身事外。法官赤膊上阵，检察官树底下乘凉。治水的变成蹚水的，改卷的成了答题的，吹哨的成了踢球的，乱了。司法权过去、现在、将来都不是权力的核心，也不是权力的中枢，只有远离政治旋涡方能进退自如。治水而不蹚水，改卷而不答题，吹哨而不踢球，解决纠纷而不是制造麻烦，是司法的职责。控辩对立、裁判居中的世界通例变成辨审对抗、侦控旁观的中国特色，原因有二：其一，裁判缺位越位；其二，场面上的未必是裁判，没有人知道谁在吹哨。司法被迫越位，承载了太多的无奈。阵地前移、战线后拉的能动司法超越了司法的能力。

因为差异，所以抗拒；因为分裂，所以质疑；因为对立，所以撞击。多元社会结构下的多元利益诉求、多元权利表达，在社会经济、政治思想尚未趋向定型的未来十几年内，类似的法治事件注定将不断冲击眼球。应对公共事件，应对敏感语境，各方面的社会动员能力、资源调配能力、抢占道德高地的能力将受到考验。任何一方的傲慢与张狂都将成为笑柄。

学界、检、法、律师各持立场，从未形成法律共同体，且分裂越演越烈，今后能否形成共同体，不乐观。尊重与相互尊重还只是理想。法治精神、法治思维、法治方法在各自群体各说各话。究其原因，没有良好的法治环境，没有健全的法制实践，难言法治精神、法治思维、法治方法，更不可能在法治语境内相互交集。其间，法官的地位最为尴尬，法官的表现最为拙劣。自黄帝命令皋陶执掌刑狱，护卫国法就是法院的根基。离开法治，法官只是“会法术的农民工”，不如旧时刀笔俗吏；离开法治，律师定将堕落为奸商讼棍；离开法治，检察官终将沦为“厂卫”。捍卫法律尊严，践行法治精神，树立司法权威，符合全体法律人的共同利益，同是法律人，相逢何必急相踹。

政治问题法律化是技术，法律问题政治化是立场。前者举重若轻，四两拨千斤；后者举轻若重，大炮打蚊蝇。政治立场于立法时已然考量，于机制设计时已然体现。个案进入司法程序作为司法案件，就成为法界技术活，交给法界技术工人干就行。法官审理个案眼中、心中只应有国家法律，不应有敏感词。预设敏感词，自乱方寸，自设圈套。即便事件发酵，仍应尽量寻求技术支撑、技术解决。

法律赋予司法裁判的效力，法官的力量源于法律。离开法律帝国，法官没有法力，不要妄图寻求和展示法外的力量，也不要妄图把法力延伸于法律之外。离开正义，法官挥出的剑软弱无力。法官展示的是智慧，展示肌肉的是打手。事实、证据、法典、情理是我们全部的法器。司法的权威在于说出的理，不在于手持的剑。司法的公信在于民众的口碑，不在于官方的文稿。

（2013年4月6日 于穗）

守望正义　重拾公信

——评湖南永州唐慧案*

备受关注的湖南永州“上访妈妈”唐慧诉永州劳教管理委员会案一审宣判，唐慧败诉，再次引起公众的普遍质疑，再次把劳教制度推向风口浪尖，司法的公信再次遭受民意的挑战。

公民的人身自由不受非法侵犯，对公民自由的剥夺只能由法律为之，一切法律事务均应纳入司法审查的范围，这些基本原则早已被现代法治实践所普遍认同。劳教制度以行政条例规定，以行政手段行使，未经司法审查，未提供司法救济，既无宪法之依据，又违背权力之制衡，更被民意所唾弃。劳教制度已经不是打个补丁、堵个漏洞的问题。值得欣慰的是，高层已经抓紧制订改革的方案，未来值得期待。

没有违宪审查，没有对抽象行政行为的司法审查权，绝不意味着司法无所作为。在个案中，经由对具体行政行为的审查，司法本可以通过对利益、权利、价值的平衡，对观念、论点的评

---

*　本文发表于2013年4月16日《长江商报》。

判，对民意、民情的回应，传递法治的精神、理念。该案的审理，如果永州能够摆脱各方面的干扰，唯事实、证据、法律定案，民众将为其欢呼。该案的审理，如果永州能够经由个案审查，论证劳教制度的各项弊端，层报最高人民法院向全国人大及其常委会提出立法建议，可在共和国法治史上留下重笔。

结合唐慧案的前世今生，我国尚未确立违宪审查制度，没有赋予人民法院审查抽象行政行为的权力，地方化的司法权设置，行政化的司法运作机制，工具主义的司法理念，注定了唐慧案必将异常的艰难，注定了永州将毫无悬念地留下败笔。

公众对司法的失望与叹息又何止唐慧案。司法不可言说之痛、不可承载之重又何止唐慧案。考察司法现状，外部，按行政区划设置各级法院，司法管辖区域从属于行政管辖区域，组织、人事、经费、装备均由地方负责，法院沦为地方利益的工具。内部，集权化的管理，行政权与审判权不分，审判执行、行政、后勤人员编制、待遇、考核、升迁不分，等级分立的职级结构框架下，审判与行政、政治功能交错，审判政治化、审判行政化，按职务高低分配案件决断权，法官为了行政级别沿着阶梯艰难攀爬。外部干预、诱惑，内部束缚、管理。看不到希望与前途，感受不到尊严与自由，司法人才流失严重。

往者不可谏，来者犹可追。“守望正义、护卫国法”是司法的操守，公平正义是司法的灵魂，公信是司法的生命，“保障公民权利、捍卫法律尊严”是司法的职责。我国应重新建构符合司法规律的权力架构、运行机制，经由每一个案件的公正处理，经由每一份裁判承载的理念，经由每一个法官的职业操守、职业道德，向公众传递法律的力量、理性的光芒，培育公众对司法的信任、对法律的敬畏、对法治的信仰。

强权攫取司法的生命，资本腐蚀司法的灵魂。如果一味为强权铺垫，为资本背书，司法终将走向不归路。当公众的合理诉求不被尊重，当公众的法治信仰被彻底击溃，当公众依赖暴力胜于依赖理性，当社会正义的最后防线被完全摧毁，别问谁是唐慧。

（2013年4月16日于穗）

文明的尺度　法治的基础

——评唐慧行政赔偿诉讼二审

2013年7月15日上午，备受关注的湖南永州“上访妈妈”唐慧诉永州劳教委行政赔偿案二审宣判。湖南省高级人民法院判决永州市劳教委赔偿唐慧侵犯人身自由赔偿金1941元、精神损害抚慰金1000元。从某种意义上说，唐慧已经是一个符号，该案的审理承载了太多的期待。该案是唐慧的胜诉，也是民意的胜诉，更是权利的胜诉，具有标志性的法治意义。

公民的人身自由不受非法侵犯，对公民自由的剥夺只能由法律为之，一切法律事务均应纳入司法审查的范围，这些基本的原则早已被现代法治理念与法治实践所普遍认同。《宪法》《立法法》《行政处罚法》已经明确：限制人身自由的处罚只能由法律规定。劳教制度以行政条例规定，以行政手段行使，未经司法审查，未提供司法救济，既无《宪法》之依据，又违背权力之制衡，且极易成为公权侵害公民权利的工具。

劳教制度设立之初，在特定的历史时期，具有特殊的社会功能和历史价值。在社会主义经济、政治制度全面建立，社会主义法律体系基本形成的今天，劳教制度已经失去了法理依据和民意基础。唐慧被劳教案，民意一开始聚焦于劳教制度的合宪合法性，并迅速扩展到关注于权利的诉求是否受到尊重，权利的表达是否通畅，权利的救济是否充分。

毫无疑问，湖南省高级人民法院承受着极大压力。一方面，地方化的司法权设置，行政化的司法权运行，地方政府光鲜的脸面容不得丝毫的冒犯；另一方面，民意并没有因时间的流逝而冲淡，唐慧被劳教案一审判决后，民意仍在滚滚汇聚，强大的民意不得不听取与吸纳，高层传递出的法治信念不得不体现。判决赔偿经济损失，驳回书面道歉，宣示性的胜诉也能让唐慧和民众予以接受。在现实的司法环境中，湖南省高级人民法院的技术处理是恰当而高超的。虽然没有打到地方政府的脸让激进者仍觉不爽，但公权力的行使必须充分尊重权利、保障权利，这一宣示性的原则以标志性案例予以了确立。

从丛林到文明，从身份到契约，从臣民到公民，人类的历史本就是权利不断张扬的历史。生命、自由、财产、尊严等基本的权利构成了人的价值核心，也是人类经济、政治、文化、伦理、情感的依托和体现。古今中外，科学、技术、哲学、艺术、文化大发展的时期必定是社会秩序稳定、人的主体价值被发现、被开拓的时期。权利受到尊重的程度，权利得到保障的程度，权利能够实现的程度，标志着文明的尺度。社会主义中国理应传承社会文明，继受法律文化，创造社会现实条件和法治条件，使公民享有更广泛的权利，为公民提供更坚实的权利保障。

民为邦本，国为民立，公权必须服从、服务于权利。公权力天然具有异化、异变的倾向，以宪法和法律约束公权，以权利制约权力，以权力制衡权力，为权力上枷锁，给权力定边界，防止公权侵害权利，防止公权走向权利的反面，防止公权腐化变质是整个公权体系正常运转的前提，是整个社会和谐发展的基本条件。尊重权利、维护权利、捍卫权利，为权利的诉求提供正当途径，为权利的表达提供通畅平台，为权利的救济提供充分保障，是法治的基础。

（2013年7月15日 于穗）

司法需要什么样的服务观

——从副院长伪造法律文书谈起*

2013年4月16日，新华网曝出一则法院副院长伪造裁判文书的荒唐事，涉案人员广东东源县人民法院副院长刘某华已被检察机关立案侦查。

1996年，前东源县社保基金向当地企业与机构非法出借资金，因借款方亏损、破产、关停，导致300余万元无法收回。广东省政府曾要求各地在2002年年底前清收违纪挤占、挪用的社保资金。直至2010年东源县仍未完成清收工作。作为清收工作成员单位，东源县法院被要求通过审理判决，使挪用的社保基金具备依法核销的条件。在时间紧促，司法程序无法正常走完的情况下，刘某华伪造了（2010）东法民二初字第93号至第97号五份裁判文书，全部以超过诉讼时效为由，不予受理或驳回起诉。

---

* 本文登载于2013年4月19日出版的《长江商报》A2版，2013年11月4日人民日报海外网转载。

非法挤占、挪用的社保基金本应依法清收，本应依法审计是否真正亏损，本应清查是否有渎职贪腐行为，追究相关人员的法律责任。怎可通过虚假的司法文书，做出呆坏账核销，资金、过错、责任一笔勾销？

身为副院长，刘某华知道非法挤占、挪用社保基金的法律责任，知道清理小组虚假诉讼的法律责任，知道伪造诉讼文书的法律责任，又为何敢于踩踏雷区、触碰底线呢？对此，刘某华辩解：这是执行上级的要求，上级表态这是公家的事，不会让其一个人承担责任。

案件仍在侦查中，相关的事实真相暂时无法评论。假设刘某华的辩解是成立的，那么刘某华仍然扮演了“炒别人的豆、坏自己的锅”的玩偶角色。

在为大局服务、能动司法的指引下，偏离方向，充当玩偶的又何止东源法院。

近年，随着法治理念的进步，法治实践的深入，让法院司法人员征税打假、引资招商、维护治安，直接参与当地社会经济发展中心工作的做法基本消除了。但借助司法权力，维护地方利益的做法并没有完全杜绝。干扰法院独立审判，要求法院为不合法、不合规事项买单、背书的做法并没有完全杜绝。在面对外来压力时，仍有极少数人放弃职守。

刘某华踩踏雷区、触碰底线，丢了自己的脸面，砸了自己的饭碗。所有人都会认为，刘某华的做法不值，然而如果置身于那样的环境中，是否每一个司法人员都能全身而退？又是什么导致刘某华做出这样的糊涂事？司法需要什么样的服务观？

我国《宪法》规定了人民法院依法独立行使审判权，我国三大诉讼法规定了人民法院行使审判权的职权程序。但在具体体制设置中，未能建构起支撑法院独立审判的架构。地方法院按行政区划设置，司法管辖区域从属于行政管辖区域，组织、人事、经费、装备均由地方负责，法院院长的党内地位明显与宪法规定不相符合，法院沦为地方利益的工具。制度与机制的缺陷，为刘某华的产生留下了外部空间。在本案中，法院被参加清收小组就是实证。

制度设计明显缺陷，司法的理念又出现了偏差。有的司法人员错误地把服务大局、能动司法理解成为地方大局服务，为地方能动司法。错误的理念加上制度的缺陷，司法在实践中必然偏离方向。刘某华的问题不可避免。

司法为谁服务，司法怎样服务？习总书记明确要求："努力让人民群众在每一个司法案件中都感受到公平正义。"顺应人民群众对司法公正的期待，在每一个案件中实现公平正义，就是司法的大局。在每一个案件中，尊重案件事实、保障公民权利、捍卫法律尊严、维护法制统一就是司法的政治。依照法定程序，履行法定职责，恪守职业道德，为公众提供高质量的司法产品就是司法的服务。倘若刘某华能够秉持这样的理念，或许不至于走到这一步。

法治之壤与公正之花*

近年来法院愈发卷入社会矛盾的漩涡。

一方面，社会矛盾高发，大量冲突纠纷引发的案件涌入法院。不堪重负的法院对社会的供给几乎已达极致，却没能契合公众的期望。涉法上访居高不下，暴力抗法时有发生，舆论传媒质疑不止，司法公信力、司法权威备受挑战。执政党、公权力机关、社会公众乃至司法官员自身似乎都不满意司法现状。另一方面，法院自身为解决司法现实存在的一些问题，已经推进、正在推进、即将推进的改革措施却未能完全得到认可。内部，改革理念摇摆不定；外部，改革措施举步维艰。

所有的问题似乎都聚焦于司法公正。

考之法理，察之实证，公平正义绝不是司法天然的属性，也不是司法必然的结果。公平正义本身需要法治的土壤。法治为因，公正是果，公平正义是法治土壤结出的花果。公正之花需要全社会共同培育、浇灌、呵护。司法权威、司法公信需要司法机

---

* 本文发表于广东省高级人民法院内刊《法庭》2012年第4期和2014年1月28日出版的《人民法院报》。

关与整个社会去共同实现。

对于司法而言，最初始、最基础的法治土壤是什么？

利益对立、权利冲突、权力制衡所引发的纠纷都可能上升为法律问题，作为个案提交司法裁判。司法独立于冲突双方是裁判的基础和前提。只服从于法律的，中立、独立的，与争议任何一方无依附、隶属、利害关系的司法机关及司法人员是一切司法活动的条件和一切司法功能的前提。司法独立是司法权威及司法公信力的真正来源和保障，是司法活动最基础的程序规则。独立的机构、独立的人格，拒绝任何外部干预、诱惑，服从且仅服从于法律与良知，是司法机关和司法人员的底气所在。倘若司法依附、隶属于任何一方或与任何一方有利害关系，裁判的公正性难免受到质疑，解决冲突纠纷的功能难免受到限制，其权威性也必然受到挑战。

欲培育公正之花，想收获公正之果，制度的安排、规则的设定、公众的认同都不可或缺。

重新认识司法权力与执政党、立法、行政等其他公权力的正确关系，把法院改革置于公、检、法、司等相关政法机构改革的范围内考虑，把司法改革置于国家政治体制改革的大环境中推进，实现民主化、法治化。

尊重司法规律，遵从程序规则，在诉讼程序设置、法院工作机制、法官身份保障等方面实现有利于司法公正的制度设计与安排，减少和消除对司法裁判权不必要的干预和不正当的影响，在制度上保障法官服从且仅服从于法律与良知。

服从且仅服从于法律与良知决不仅仅是对法官的要求，更应该是对整个社会的要求。案件当事人、舆论传媒、社会公众的法治理念、法治实践亟待提高。诚信诉讼、理性沟通、正当诉求，除了事实、证据、法律的较量外，不应以其他案外因素影响司法，更不应以强权指使司法、以舆论绑架司法、以资本贿赂司法、以人情干预司法。

要求司法公平正义就必须给予司法法治的土壤和空间。如果欠缺法治的土壤，欠缺司法的独立，法官除了事实、证据、法律外还需要考量其他的因素，除了攀登法律的珠穆朗玛峰，还要攀登政治的珠穆朗玛峰，甚至要攀登强权、资本、伪民意特意设置的珠穆朗玛峰。当司法环境本身不允许法官只服从于法律与良知时，公平正义将永远是水月镜花。

迟到胜于缺席

——评河南李怀亮、福建吴昌龙无罪案

2013年4月25日，河南省平顶山市中级人民法院对曾经引起广泛关注的李怀亮涉嫌强奸案一审宣判，以证据不足，宣告无罪，当庭释放。羁押十二年，历经三次发回重审，李怀亮案暂告一段落。同日，最高人民法院常务副院长沈德咏在广州刑事审判工作调研座谈会上强调，各级法院要依法公正审理每一个刑事案件，及时、准确查明事实，正确应用法律，依法惩罚犯罪和保障人权，确保每一个案件都经得起事实、法律和时间的检验。刑事审判一定要坚决守住底线，防范冤假错案。

2013年5月3日，福建省高级人民法院对福清纪委爆炸案宣判，吴昌龙、陈科云等五人全部无罪释放，案件历经十二年终于尘埃落定，吴昌龙、陈科云曾被判死缓。

时隔十二年，历经多次重审，李怀亮、吴昌龙的无罪判决来得晚了些，但迟来的正义胜于正义的缺席。李怀亮、吴昌龙的无罪判决是对人权保障、无罪推定的鲜活诠释，传递了逻辑的力量、个案的公正。

刑事审判事关公民的生命、自由、财产、尊严、名誉，涉及案件的事实、证据、法律、情理。人权保障、无罪推定不仅仅是原则、理念、口号，更是具体的《宪法》规定、法律制度、程序规则。考察刑事审判的现状，无论是浙江张高平、张辉冤案的纠正，还是河南李怀亮、福建吴昌龙案无罪宣判的迟到，引致冤案的原因并未完全消除，相应理念、制度、规则、程式的反思并未完结。命案必破、有罪推定、重口供轻证据、限制剥夺辩方权利、“三长”会商、案件请示协调、提前介入、非法证据难以排除、发改率考核等违反诉讼规律，违反诉讼程序的做法未从制度层面彻底纠正，刑讯逼供、暴力取证甚至伪造证据并未在实践中杜绝。冤假错案的发生仍有其现实可能性，每一个刑事法官对待每一个刑事案件时仍需战战兢兢、如履薄冰。

“亡者归来”“真凶出现”“律师死磕”等偶然的、个别的情形不足以彻底防范冤假错案的发生，必须有相应的制度建设。要彻底防范冤假错案的发生，要实现每一个刑事案件的公平正义，至少仍需三个层面的法治要求与法治实践。

确立事实是底线、证据是根基、对抗求公正的现代司法理念，构筑控辩对立、裁判中立的刑事诉讼结构，充分发挥律师在刑事审判中的辩护功能是第一层面的要求。控辩围绕事实、证据、法律，相互对抗辩驳，裁判方审查证据，确认事实，适用法律，做出裁判。

重构公、检、法关系，用权力制约权力，是第二层面的要求。侦控方必须以证据为根基，以庭审为中心，以裁判为节点来运行侦查权力，防止侦控绑架司法。不利于发现真实、寻求公正的行政化司法运作机制应作适当的改革，使司法权置于公众的监督之下运行。

宪行天下，法治中华，用权利制约权力，防止公权力过度扩张，防止公权力异化、异变则是第三层面的要求。在公民宪法权利、法律权利面前，公权力不应当是冷冰冰的管理者、控制者、掠取者，而应是服务者、供给者、保障者。

个案的实践累积点滴的进步，个案的彰显汇聚能量的突破。经由每一件案件的公正审理树立司法的权威，经由每一份厚重的裁判传递司法的理念，经由每一个法官的道德操守体现司法的品格，经由每一个社会公众的法治实践实现法治的理想。

期待正义不再迟到，更期待正义永不缺席。

（2013年4月26日于穗）

推进司法公正时不我待*

2013年4月26日，《人民法院报》《人民司法》、中国法院网联合举办了“提升司法公信力”专家学者座谈会，邀请了二十位国内知名专家学者和律师界代表参加。最高人民法院院长周强亲临座谈会听取意见和建议。专家学者们围绕司法公信的现状、提升路径、改革方向、未来前景畅所欲言。近日，《人民法院报》登载了周强院长的讲话和专家学者的发言。无论是尖锐的批评还是良好的期望，都展现了对中国法治建设的拳拳之情，对我国司法事业的深深关切。

从党的十八大把依法治国提升到新的战略高度，到习近平总书记要求司法必须回应人民群众对司法公正的新期待，努力让人民群众在每一个司法案件中都能感受到公平正义；从周强院长强调坚持公正司法、提升司法公信力，到各地多起冤案的纠正；从专家的热议到民意的回应，都传递出对于法治精神、法治理念、法治实践的新期望。

---

* 本文登载于2013年5月8日出版的《长江商报》和广东省高级人民法院机关刊物《法庭》2013年第5期卷首语。

以时间为轴，回看历史，无论是华夏几千年治乱成败的历史轮回，还是共和国六十年社会发展的风雨历程；无论是改革开放三十年的伟大成就，还是人民法院十几年司法改革的艰难推进，都印证了法治的成败关系着国运的兴衰，法治兴则国家兴，法治衰则国家衰，国乱法先乱，法乱国必乱。

以空间为度，展望世界，中华民族的伟大复兴需要稳定的环境，改革开放的继续深化需要平安的语境，人民群众的利益诉求、权利表达需要通畅的途径，全球化竞争需要制度机制软文化的抗衡。法治梦既是中国梦的一环，也为中国梦护航。公民享有更高的宪法和法律权利是制度自信应有的含义。在宪法和法律框架内破解发展难题，在宪法和法律范围内凝聚民心民力，已经成为全社会的共识。社会对法治的渴望从来没有今天这样的紧迫，民众对法治的期冀从来没有今天这样的急切。

历史潮起潮落，世事云卷云舒，谁勇立潮头，谁笑看云动？在历史大潮前，在世界风云中，人民法院能否担负起建设法治中国的重任？人民法院能否肩负起人民的厚望？能否实现司法的权威、司法的公信？司法向何处去？

司法是公平正义的最后一道防线，司法公正的重要意义不必赘述。司法是利益诉求、权利表达的理性平台，司法公信的品牌价值无须重笔。正义，人们等不及；未来，我们输不起。面对人民期望，司法没有退路；面对现实重任，司法只有前行。“适应新形势、新情况，抢抓新机遇，迎接新挑战，与全社会一道，共同推进公正司法，推进法治中国建设。”是司法当然的抉择。

风帆已挂满，巨轮再出发。提升司法公信任重道远，推进司法公正时不我待。

变易之道

——学习习总书记“两个不能否定”重要论断的随想

2013年1月5日，习近平总书记在新进中央委员会委员、候补委员学习贯彻党的十八大精神研讨班上发表重要讲话，在论述改革开放前后两个历史时期的关系时，明确提出两个不能否定重要论断：“不能用改革开放后的历史时期否定改革开放前的历史时期，也不能用改革开放前的历史时期否定改革开放后的历史时期。”

只有“变”永恒不变，唯有“易”万古不易

璀璨星空，浩瀚宇宙，无始无终，无边无际，刚柔相推，变动不居。新星爆发，巨星陨落，日月轮转，气象万千。阴阳离子聚散离合，强弱力场变幻陆离。蓝色星球，美丽家园。沧海桑田，白云苍狗。潮起潮落，花谢花开。风云涌动，江流浩荡。物竞天择，适者生存。闪电惊雷轰鸣天外，飓风巨浪肆虐汪洋。万物灵长，文明传承。苍茫大地，滚滚红尘。江山代谢，人际更替。帝国兴亡，制度变迁。人才辈出，各领风骚。昔作少年游，

白发今上头。英雄叹迟暮，红颜伤春误。

一切的存在都是历史的存在，一切的变动都是历史的构建。因变而生成昨天、今天和明天；因易而连接过去、现在与将来，因动而造就历史的斑驳、现实的风采。

变必有因，动必有据，革必有待，易必有律

太阳从东方升起，月亮定期圆缺，地球谨守轨迹。种瓜得瓜，种豆得豆。物之为物，在于其内部的规定，在于其特质，在于其度。核子裂变，风华不再，生命消逝。物之非物，也在于其内部的规定，在于其特质的改变，在于其度的突破。阴在阳之内，不在阳之对。变的基础、易的根基源于事物的内部规定性。萌芽发端于内，数量增减于内，突破实现于内,飞跃爆发于内。变化、运动、发展是自我变化、自我运动、自我发展，不得不变、不得不动、不得不化。

向上、进步、不可逆转是变化运动的方向。今胜于昔，后又将胜于今。肯定、否定、否定之否定……螺旋轮回曲折是变化运动的路径。从机械运动、物理运动到生命运动、社会运动，运动的形式由低级到高级。从无机物质到有机物质，从单细胞生物到多细胞生物，从无性生殖到有性生殖，从无智慧生物到万物灵长，生命的形式从低级到高级。从无生命反映到生命感觉再到人类意识，从感性到理性，从形象到抽象，从经验到理论，人类的意识从低级到高级。知识累积、科技进步，从打磨简单的石器到神舟飞天、嫦娥巡月，社会生产力由低级到高级。从丛林到文明，从身份到契约，从臣民到公民，社会形态从低级到高级。有

果必有因，有因必有果。变化、运动、发展既然是对自身因素的否定，是内部的扬弃，肯定、否定、否定之否定，永无止境，必然是向上的、进步的、不可逆转的。容颜相似，内在已非。

社会自变，人文自易。个人包括领袖只能顺应潮流，无法阻挡时代

1949年是时代的选择也是人民的选择，1949年奠定了今天中国的经济、政治、文化、社会发展的前提和基础，是今天中国的法统，更是今天中国的道统。社会主义是全新的社会形态，理当继受人类文明，传承人类文化，吸纳存留下来的一切具有进步历史意义的要素，对中国历史不可一抛了之，对西方文明不可一反了之。社会主义是全新的社会实践，其具体体制、制度、理念，有一个不断完善变革的过程，一方面必须符合社会发展阶段顺应人民的要求，另一方面又不能超越现实条件盲目躁进。其间度的把握尤其困难，尤需智慧胆识。

当前存在三种错误的社会思潮

其一是逆动。运动、变化、发展、革新是世间万事万物普遍规律。然而世变时移，事变势异，仍有不适者、不欲者、不舍者、不爽者，或认为新不如旧，今不如昔；或感觉世风日下，礼崩乐坏；幻想历史可以倒退，妄图阻挡历史前进洪流，把现实拉回过去。妄图把过去的已经被扬弃的强加给现在。

其二是拒动。社会发展的不平衡，改革开放的阶段性，造成

了利益分配、权利分配的不平衡。既得利益者或满足于现状，失去了继续改革开放的动力，或不愿意把利益与民众共享，成为改革开放的阻力。把一些并不符合长远发展的阶段性的措施、暂时性的政策固化;以时机不成熟为由反对一些已经具备实施条件的举措，把民众对利益、权利的正常表达渲染成反对体制、反对制度，言必反西方。

其三是盲动。割裂今天与昨天的联系，否定现在与过去的关系。无视六十多年的经济发展、政治进步，无视社会现实的制约，无视西方社会自身存在的矛盾，把当前个别的、偶然的、非全局性的问题与困难放大，把西方的一切美化，言必称西方，号错了脉、开错了方。

逆动者未必是过去的受益者，但绝对是今天的失意者。盲动者未必是今天的失意者，但期望成为明天的受益者。拒动者是今天的受益者，并且想成为永远的受益者。其间，掌握强大的社会资源、漠视其他社会成员利益权利的拒动者，对党的事业、对社会发展阻碍最大。逆动者、盲动者都不满于现实，只是各自的路径方向有所不同。如果改革停滞、阶层固化，合理的利益诉求得不到尊重，合法的权利表达得不到保障，逆动者、盲动者有合流的可能。当他们并不针对拒动者，直接针对全社会时，当改革的锁匙掌握在既得利益者手中，而既得利益者彻底失去法理的依据、道德的依据时，渐进的改革将让位于激烈的冲突。

社会思潮有着深刻的社会历史根源和现实的物质文化基础，苍白的说教无济于事，粗暴的干涉激起反弹，蛮横的壅堵适得其反。查找错误思潮的根源，消除错误思潮的基础，才是正解。在宪法、法律框架内寻求利益的表达，在宪法、法律框架内吸纳民意的诉求，把政治争端弱化为技术纠纷。改革中出现的新问题、新困难只能由进一步的改革予以解决。寻找全社会的最大公约数，寻求全社会最广泛的共识。和平的变革与激烈的冲突，有时只在顶层一念之间。

历史的语境回不去，历史的脚步留不住，历史的纽带剪不断，历史的痕迹抹不去。没有谁可以违背历史的铁律，没有谁可以阻挡历史的脚步，没有谁可以紧握历史的回音，没有谁可以逃避历史的轮回。历史不容割裂，历史无须迷恋。个人的抉择必须契合时代的大潮，个人的命运无法抗拒历史的洪流。

今世的沙土必定蕴藏历史的尘埃，今世的风雨终将成为历史的陈迹，今世的繁华终将化为过眼的烟云。文明的灯塔照亮我们的来路，人性的光辉引领我们前行。不纠结于过去，不执着于现在，凝聚社会共识，开创美好未来。

（2013年5月11日于穗）

绝食死磕与自证清白

——评广西北海银海律师死磕

继2013年4月初江苏靖江拘留律师事件后，死磕律师与人民法院再次贴身肉搏，双方都声称遭受对方袭胸。

2013年5月21日，广西北海银海区法院审理原北海市政府副秘书长孟荣展等十一人涉嫌受贿、串通投标案，此案之前曾被北海市中级人民法院发回重审。在庭审中，孟荣展的两位辩护律师被驱逐出法庭。随后两位律师在法院外绝食抗议，声称遭遇法院不正当对待，辩护权利被非法侵夺。经由网络传播，一些律师和社会公众表示声援，要求尊重、保障律师执业权利，保障诉讼权利，公布庭审录像。银海法院则声称，两位律师在庭审中胡搅蛮缠、无理取闹，扰乱法庭秩序，妨碍诉讼。

5月23日，经银海法院与刑辩律师沟通，双方达成妥协，两位律师继续行使辩护权利，案件择日继续庭审，两位律师结束绝食行为艺术。

与江苏靖江事件如出一辙，不一样的场所不一样的马甲，同样的剧情、同样的台词、同样的结局，到底发生了什么？到底是刑辩律师违背了执业准则借民意绑架司法，还是人民法院超越了裁判职能倚权力侵犯权利？民众不得而知。于刑辩律师而言，抓了眼球涨了粉，抢了高地树了旗，貌似完胜。于法院而言，雷霆而始妥协而终，公众质疑未解，已然败阵。于公众而言，雾里看法，又一本糊涂账，以后到底信谁？

司法是利益诉求、权利表达的理性平台，是事实、证据、法律语境下相对封闭的法治空间。在理想的司法状态下，人民法院独立行使审判权，控辩对立、裁判居中的诉讼模式，德品才能服众的高素质职业法官，不可挑战的司法权威，无可置疑的司法公信，法律人共同的法治语境，这些因素构成了司法的场域。在这个场域之下，刑辩律师本无须死磕，死磕也没用；人民法院更不必自证清白，不证已自清。民众对司法的尊重构成了社会主流价值的一部分。然而理想与现实仍隔着不止一张光盘的距离。于是律师手持切西瓜刀并携大V之号有备而来，人民法院满脸委屈含泪俯身，宁愿饱受戏谑也不愿播放录像，誓死捍卫着光盘的尊严。民众则依据朴素的社会经验：凡是掌握权力的都不是吃素的，既然权力退缩了，一定是权力错了。

律师不得不死磕，法院不得不自证清白、公众不得不恶意揣测公权，这样的现实是司法的悲哀。不能把经济、政治、社会发展中出现的矛盾纠纷以个案形式引入司法弱化成为技术问题，相反个案被放大，技术被政治化，事实判断被价值评判取代，司法的职能受到制约，司法的权威备受挑战，司法的公信成为笑谈，这样的现实是司法的病症。

有网友认为，最高人民法院应该挺起脊梁为基层人民法院撑腰。其实，最高人民法院也有心无力。整个法院系统，内部长期“气血不足”，外部阻力重重，拿什么硬？硬不起来总是有原因的。法有病，谁可治？外部，把压得直不起腰的巨石拿开，依法独立公正行使审判权；内部，养心守气练剑。或许有用，然而谈何容易？

古时候地主老财手脚不规矩，时常对丫鬟非礼。丫鬟吃人家的、住人家的，敢怒不敢言，更不敢让财主住手。丫鬟为求得平衡，于是就对新来的门童非礼，开始相安无事，后来门童读书识字、懂了点自尊，说：你凭什么非礼我，我要死磕。更可气的是，门童还大声瞎嚷嚷：“看，丫鬟被财主非礼啦。”于是，于是，丫鬟委屈地哭了。

（2013年5月24日 于穗）

正义仍在路上

——评王书金案庭审

2013年6月25日上午，河北省高级人民法院开庭审理被告人王书金强奸杀人案。此案因与聂树斌案相关联，备受关注。

1995年，因被认定强奸并杀害康某花，聂树斌被执行枪决。2005年1月，河南荥阳警方抓获通缉犯王书金。王书金供述曾多次强奸杀人，其中一起即为康某花受害案。同年3月，中国青年报、新京报等十余家媒体披露了王书金案。3月17日河北省公安厅表示，注意到了媒体报道，将组织专门力量调查复核。2007年3月，河北邯郸市中级人民法院一审判决未认定王书金强奸杀害康某花。王书金上诉提出，康某花确实是其强奸杀害，原判认定事实有遗漏。聂树斌家属一直奔走于各政法部门申诉上访。

从王书金供述至二审开庭，时隔八年；从王书金一审判处死刑，至今也已六年，漫长的等待之后，公众有理由相信庭审将调查出案情真相！

庭审没有让公众失望。

王书金在上诉状和庭审供述时坚持声称自己就是杀害康某花

的真凶。辩护律师认为，现有证据足以认定王书金杀害康某花。出庭的检察官驳斥：辩方对王书金定罪证据不足，检方有证据证实王书金不是“真凶”。

控辩乾坤大挪移掀起庭审的小高潮，移魂大法演绎现代版《拍案惊奇》。公众正构思着正义将以何种方式登场，庭审高潮戛然而止，检方另有证据未在庭前提交法院，辩方未能在庭前查阅相关证据材料，辩护律师申请查阅材料，法院宣布休庭，择日另行开庭。

庭审还是让公众失望了。

八年的等待就这样戛然而止，看客已觉不爽，冀怎一个忍字了得，应当备感苦涩吧。

聂树斌是否冤杀与王书金能否定案不是非此即彼的关系，也不是前提结论的关系。即便不能认定王书金是杀害康某花的真凶，并不能必然推定出聂树斌就是真凶，能否定案仍需要坚实的证据基础。聂树斌案是冤案、疑案还是铁案，仍需给公众以交代。

八年的等待足以让公众质疑，错位的控辩足以让公众愕然，司法的公信再次面临透支。司法地方化的体制下，河北与案件捆绑太紧。网友早已提出此案应由最高人民法院提审，或由最高人民法院指定外省管辖。

从浙江萧山张正平、张辉案、河南平顶山李怀亮案、福建福清吴昌龙案宣告无罪，到最高人民法院沈德咏大法官要求切实防范冤假错案，最高人民法院已经传递出回归司法规律、坚守司法底线的明确信号。

有人说，聂树斌人头落地，正义已死。的确，于聂树斌而言，生命消逝，铁也好、疑也好、冤也罢，游戏已经结束。然而，于司法、于社会而言，聂树斌案到底是铁案、疑案，还是冤案，仍需追问，仍需交代，仍有意义。如果聂树斌确实被冤杀，更需要勇气证实司法对错案的担当，法律对权利的护卫，公权对生命的尊重。这仍然是正义，虽然沉重得让人窒息。

正义或许暂时迷途，但正义仍在路上，未来仍可期待。

（2013年6月25日 于穗）

抬起的“虎头铡”

——评孙中伟的《死刑改判在最高法院》

天下武功，非出一门；学术研讨，岂限学霸？实践真知，远胜书虫；刀笔历练，剑在胸中。学者静坐书斋习练内功心法，律师行走江湖仰仗外家功夫。若能内外兼修，法理功底上佳，实战经验亦至，当可论剑华山。

最高人民法院门径幽深，难窥其貌。作为法律帝国最高殿堂，法律人也难睹尊容，社会公众更无缘目测。小李飞刀，传说已久。虎头巨铡，承自法曹。最高人民法院如何操刀、如何动铡？

法之大者，治狱刑杀。刑者，法之爪牙。死者，刑之极致。死刑死囚，总让人联想到杀人不眨眼的狂魔，伸向花季少女的黑手，铤而走险的劫匪，唯利是图的毒枭。午时午门草标脚镣，冰冷的眼神扫过，看客目光一缩，惊悸伴着好奇：其间是否仍有情有可原、法有可容者？即将落下的虎头铡刀能抬起吗？刀下留人是怎样的情形？

孙中伟律师原是缉毒刑警，后转行致力于刑事辩护十余年。最高人民法院收回死刑复核权后，孙中伟承办了大量死刑复核案件辩护业务，创办了以个人名字命名的以死刑辩护为核心业务的律师业务所。孙中伟于繁忙的办案之余，选摘了十四个亲自经办的有代表性的死刑辩护和代理的成功案例，出版了《死刑改判在最高法院》。以文学化的生动语言再现案情，以律师手记记录辩护思路进程，以社会学视角延伸反思个案中的系列问题。其间有激愤杀人的本分村民，误入歧途的退伍军人，崩溃的准精神病人，因爱生恨的畸恋情仇，强大媒体舆论下被死囚，贫困重压下受雇运毒的边民……

孙中伟长期刀笔历练，实例实战经验丰富，深切思索法理人性，阅事既多感悟不少。论剑刑辩江湖，当之无愧。唯文笔尚可更简洁，思考尚可更深入，然瑕不掩瑜，该书值得法律人和社会公众一读。于律师而言，他山之石，书中案例反映出的辩护思路、策略、技巧、专业素养、职业道德、社会责任感值得学习。于检察官而言，知彼善战，书中案例展示的控辩攻防可以推演。于法官而言，兼听则明，辩护权利的行使对于刑事司法公正具有决定性意义，控辩充分对立对抗，有助于司法裁断。于学者而言，健脾消食，弥补实务不足。于公众而言，鲜活的案例免去了枯燥的名词法条，抬起的“虎头铡”可略窥最高人民法院森严，可饭后深思，可茶余八卦。

孙中伟江湖赫赫，成名已久。我公门碌碌，无为至今。二人素昧平生，从未谋面，更无交集。孙中伟偶于新浪博客读到我几首三脚猫诗文，几篇不入流时评，不嘲浅陋，不笑迂腐，赠书于我。投我以新作，报之以短评，律师与法官，除“勾兑”“死磕”外，另有君子之交。

（2013年6月28日于穗）

回归司法规律，坚守司法底线，防范冤假错案*

——评周强院长在全国高级法院座谈会上的讲话

2013年7月4日，最高人民法院周强院长在全国高级法院院长座谈会上强调，冤假错案是对社会公平正义的极大伤害，要坚决防止和依法纠正冤假错案。人民法院必须坚守防止冤假错案底线，增强人民群众对法治建设的信心。要坚持依法纠正错案，发现一起，查实一起，纠正一起，使纠正错案成为推进公正司法、保障人权的正能量。

此前，浙江杭州张辉、张高平，河南平顶山李怀亮，福建福清吴昌龙，浙江萧山陈建阳相继被宣告无罪。结合周强院长的讲话，无论是冤情昭雪还是疑罪从无，都传递出最高人民法院“回归司法规律、坚守司法底线、防范冤假错案”的明确而强烈的信号。

---

* 本文发表于2013年7月5日出版的《长江商报》“时评”栏目。部分内容发表于2014年2月7日出版的《人民法院报》。

冤假错案一旦铸成，或长期羁押，或财物扣缴，或人头落地，或名誉受损，严重侵害当事人的生命、自由、财产、尊严，伤害当事人及社会公众的法治情感，消减司法公正，损害司法公信。冤假错案的复查纠正，或引发社会影响，或牵涉责任追究，或面临国家赔偿，阻力大、代价高。越是重罪重刑，阻力越大，代价越高。河北聂树斌案是铁案、冤案还是疑案，至今对公众无交代，对真相无追问，如果聂树斌确实被冤杀，即使将来得以昭雪，也沉重得让人窒息。

与其补救于后，不如防范于前。作为社会公平正义的最后一道防线，人民法院对冤假错案必须严防死守。考察近年来曝光的冤假错案，背离司法规律，放弃司法职守，退让司法底线，无视公民权利，虚化诉讼程序是根本的原因。

回归司法规律。确立“证据是根基、事实是底线、程序是保障、对抗求公正”的现代司法理念。刑事诉讼法不仅仅是打击犯罪法，更是人权保障法，刑事诉讼不仅仅担负追究犯罪的职能，更担当着保护无罪的人不受非法追诉，有罪的人受到公正追诉的功能。充分保障当事人、诉讼参与人的法律权利，充分发挥律师在刑事审判中的辩护功能，充分认识公民权利对于实现刑事司法公正具有决定性意义。尊重诉讼程序的独立价值，遵守诉讼程序，以程序公正寻求实体公正，防止程序弱化虚化，防止和纠正程序违法，纠正把诉讼程序简单视为办案手册的程序工具主义错误。控辩对立裁判中立，引导控辩围绕事实、证据、法律，相互对抗辩驳，审查证据，确认事实，适用法律，依法裁判。

坚守司法底线。提升职业法官的业务素质司法能力，恪守司法职责，不唯权、不唯上、不缺位、不越位。人权保障、无罪推定不仅仅是原则口号，也是制度规则，疑罪从无而不是疑罪从轻、疑罪从挂，敢于坚持疑罪从无，坚持有罪量刑、无罪放人。排除基于刑讯逼供、暴力取证程序的违法、非法证据，慎重采信存疑证据，认真对待矛盾证据。以事实为基础，以法律为准绳，坚决排除法外因素的干预阻挠影响。自觉主动接受当事人、社会公众、媒体的监督评判，以公开促公正，以阳光司法寻求社会公众对判决妥当性的理解、支持、认同。

正义止步，司法蒙羞。正义迷途，法律受辱。铸成冤假错案，人民法院难辞其咎。防范冤假错案，人民法院责无旁贷。

让法官成为真正的法官*

前期发生的上海市高级人民法院多名法官违纪事件，“令法律失去尊严、令司法蒙羞、令正义受损”。而近期湖北高级人民法院某庭长与异性保持不正当关系的事件,再一次把法官形象、法院形象推到风口浪尖。

司法历来被视为社会公平正义的最后一道防线，法官被视为正义的化身、法治的基石。法官的职业道德与职业操守是社会公信的重要组成部分和评价标准。论职位、论权势，违纪人员与近期反腐落马的党政高官不可比肩；论危害、论后果，嫖宿与贪污受贿不能并论。社会舆论和公众反应却远远超出了普通公职人员的贪腐案件，公众赋予了法官不同于普通公职人员和普通社会职业的特殊的符号象征和强烈的标签意义。强烈的道德谴责与舆论鞭挞反映了人民群众对法官职业的社会定位。

法官的形象关涉法治的信仰，法官的操守体现司法的品格。

---

* 本文以《让法官更像法官》为题发表于2013年12月27日出版的《人民法院报》，当日被中央政法委、中央综治委主办的中国长安网转载，被求是理论网“报刊精选”栏目收录。

不能恪守伦理，如何秉持正义？公众完全有理由质疑：一个品行不佳的法官，在面对外来的影响、干扰、诱惑时，能否坚守法律与良知。加强法官的道德修养，强调法官的职业伦理意义重大。然而，苍白的道德说教无助于破解困局，仅靠自我约束难以克服人性的弱、人性的恶。要求司法公平正义就必须给予司法法治的土壤和空间，就必须从法官的选任、培养、任用、职业保障、工作机制等方面建立一套科学的、符合司法规律，切合法官职业的社会定位，顺应党和人民群众的法治期待，有利于公正司法的制度设计，让法官成为真正的法官。

考察现状，无视司法权的本质属性，把法院等同于普通党政机关，无视法官职业的特殊性，把法官等同于党政普通公职人员；集权化管理，行政权与审判权不分，审判人员与司法行政人员、后勤辅助人员编制、职级、待遇、考核、升迁不分；等级分立的职级结构框架下，审判与行政、政治功能交错，审判政治化、审判行政化，按职务高低分配案件决断权，法官为了行政级别沿着科层阶梯艰难攀爬。法官提拔严重滞后于同级党政机关公职人员。据深圳市盐田区法院调研，法院提拔副处级的平均年龄是五十二岁，区直机关是三十四岁；法院副处级人员占比11%，区直机关是40%~65%。而按副县级设置的其他基层法院，大部分法官以科员退休。工作压力巨大，苛刻而不科学的考核指标与责任追究，职业前景暗淡，发展空间狭窄，责任风险与待遇福利不相匹配，职业保障、身份保障、风险保障缺失，司法人才流失严重。近两年辞职离开法院的人员，深圳市龙岗区法院达四十六人，广州市花都区法院达三十人。主动调离业务岗位到后勤岗位的隐性流失也很严重。层层审批、逐级请示，外界对具体个案的直接干预，法官之外有法官、法官之上有法官、法官之后有法官，更是违背司法规律，难以保障法院依法独立行使审判权，难以保障法官只服从于法律与良知。

法官本应是法律专业人士中知识最广博、实践经验最丰富、专业能力最强、道德品行最高的群体。法官的整体综合素质本应高于检察官和律师，高等级法院法官整体综合素质本应高于低等级法院的法官。然而由于历史、社会等方面原因，在法官遴选、培养、提拔、任用、职业保障方面，既未能把外部的优秀法律人才吸引到法院来，也未能实现内部人才的合理分配，更谈不上以法官为核心，打造具有共同法治理念、共同法治话语、共同法律技能、共同法律伦理的法律共同体。相互尊重与自我尊重的职业尊荣感更是奢谈。职业尊荣的缺失，一方面难以吸引优秀法律人才加入到司法队伍中，另一方面司法队伍内部中的一些人员逐渐失去了法治信念、法治理想。

时不我待，只争朝夕。党和人民的法治需要、法治期望、法治追求热烈急切。加快推进法官正规化建设，切合法官职业的社会定位，凸显法官职业特殊性；加快推进法官专业化建设，切合司法职业的法律性，凸显法官的专业能力、道德品行；加快推进法官职业化建设，吸引优秀法律人才，稳定现有法官队伍，确保司法廉洁，防范司法腐败。从制度上消除对司法权不必要的干预和不正当的影响，保障人民法院依法独立行使审判权，建设全社会尊重规则、尊重司法的法治文化，凸显法官职业的尊荣感，让最优秀的法律人才愿意成为法官、能够成为法官，让现有的法官能够坚守内心的法治信仰，只服从于法律与良知，让法官成为“法律帝国的王侯”，让法官成为真正的法官。

（2013年8月12日 于穗）

法官违纪事件凸显加快“三化”建设紧迫性*

近期发生的上海市高级人民法院多名法官违纪事件，“令法律失去尊严、令司法蒙羞、令正义受损”，社会影响极为恶劣。我们纵观社会各界、新闻媒体对此事件的批评、谴责，痛心叹息于司法形象受挫、司法公信受损之余，查找此事件深层次原因。我们深切认识到必须坚定决心继续深化司法改革，加快推进法院队伍“正规化、专业化、职业化”建设，才能解决影响司法公正和制约司法能力的深层次问题，才能贯彻新时期党对法院工作的新要求，才能回应人民群众对公平正义的新期待。

此次事件深刻反映了当事人对自身利益诉求的强烈关注。此次事件的引爆，源于一个普通民事案件当事人认为案件处理不公，认为案件可能受到非法干预，可能存在枉法裁判，经过精心

---

* 本文发表于广东省高级人民法院机关刊《法庭》2013年第8期，被法制日报社收录于供地厅以上领导参阅的《法治参考》2013年10月15日第20期（总第298期）。

策划准备，用了一年多时间跟踪上海高级人民法院赵明华，收集其涉嫌违纪的证据。司法裁判的结果关乎当事人的现实利益，影响当事人的切身权利，触动当事人的内心情感。诉讼双方利益、权利的对立冲突，公民权利意识、维权意识、法治意识的提高，多元社会结构下多元利益诉求和权利表达，决定了当事人对自身现实利益的强烈关注、对司法公正的强烈诉求。

此次事件深刻反映了人民群众对法官职业的社会定位。在事实、证据基础上，依法适用法律，坚守法律和良知，充分保障包括程序权利在内的当事人的合法权利，杜绝关系案、人情案、金钱案，排除非法干扰和不正当影响，公正处理每一个案件，让人民在每个司法案件中都感受到公平正义，这是人民群众对于司法的要求，对法官职业的社会定位。爱之深，责之切。期望越高，失望越大。论职位、论权势，涉案人员只是处级干部，与近期反腐落马的多名省部级党政高官不可比肩；论危害、论后果，接受异性陪侍乃至嫖娼，与贪污受贿不能并论。社会舆论和公众反应却远远超出了普通公职人员的贪腐案件，远远超出了其他社会行业违反职业道德事件。因为期盼公平正义，所以痛恨司法不公、司法腐败；因为热望法治，所以不能容忍对法律的亵渎；因为对司法寄予了深情的关切，所以对法官近乎苛责。“不能恪守道德，如何秉持正义”，法官的形象关涉法治的信仰，法官的操守体现司法的品格。公众对法官提出了极高的道德伦理要求，公众赋予了法官不同于普通公职人员和普通社会职业的特殊的符号象征和强烈的标签意义。

此次事件深刻反映了国内外对法治环境软实力的深度关切。在任何现代国家，司法都被视为社会公平正义的最后一道防线，法官都被视为社会公平正义的载体、正义的守护神、法治的奠基石。法官的职业道德与职业操守都是社会公信的重要组成部分和评价标准。法治梦既是中国梦的一环，更为中国梦护航。党的十八大报告和习近平总书记关于法治建设的重要论述对法院工作、法院队伍建设提出了极高的要求。法治环境、法治软实力对于服务改革开放的发展大局，保障人民群众的利益诉求、权利表达具有重要意义。此次事件涉及高级人民法院多名中层在职领导干部，公众一时哗然，事件迅速发酵。国内外各种新闻媒体争相报道，不仅有损上海法院、上海城市的形象，也抹黑全国法院、全国法治软环境。此次事件对法院司法事业的伤害、对法院司法公信的打击、对公众法治信心的冲击，负面影响难以弥补。

此次事件充分暴露了当前和今后一段时间制约法院工作的主要矛盾。近年来，一方面，社会矛盾高发，大量冲突纠纷引发的案件涌入法院。不堪重负的法院对社会的供给几乎已达极致，却没能契合公众的期望。涉法上访居高不下，暴力抗法时有发生，舆论传媒质疑不止，司法公信力、司法权威备受挑战。执政党、公权力机关、社会公众乃至司法官员自身似乎都不满意司法现状。另一方面，法院自身为解决司法现实存在的影响司法公正和制约司法能力的深层次问题，在工作思路、司法理念、工作措施、基层基础、队伍建设等方面做了大量的探索，取得了长足的进步，但因受制于体制、机制障碍，受制于历史包袱，并未从根本上彻底扭转被动局面。

此次事件充分暴露了当前法院工作的基本矛盾，即人民群众对社会公平正义的更高期待以及党在新时期对法院工作的新要求与法院司法能力相对不足的矛盾。此次事件中，案件历经一审、二审、再审，当事人仍然不愿服判息诉，司法权威无存；事件发生后，公众从涉嫖法官的道德品行进而质疑各自经办案件的正当合法，公众从涉嫖人员进而质疑整个法官群体的道德伦理，司法公信极其脆弱；严肃的党纪、政纪处理，持续的道德谴责、舆论批判，从反面反映了党和人民群众对于“法官清正、法院清廉、司法清明”的法治需要、法治期望、法治追求。人民法院司法能力的相对不足，既表现为案件质量、效率尚有提升空间，也表现为司法权运行机制不完全符合司法规律，更表现为法官群体的法治信念、业务能力、道德操守仍需提高，个别法官及法院公职人员业务能力低下、法治理想动摇、伦理道德丧失的问题亟待解决。在影响法院司法能力的各种因素中，人是最重要、最核心、最基础的因素。党和人民群众的法治需要、法治期望、法治追求与法院司法能力相对不足之间的矛盾将长期制约法院工作的开展。改变司法作风，塑造司法形象，提升司法公信，实现司法公正将是长期的工作目标。

此次事件凸显加快法院队伍“三化”建设的紧迫性。此次事件发生后，部分同志对于要不要继续深化司法改革，要不要继续推进法院队伍“正规化、专业化、职业化”建设产生了怀疑、观望思想；部分同志认为社会公众对于法院工作、法官素质过于苛责，对今后的司法工作产生了畏难退却情绪。问题已经展现暴露，困难已经摆在面前，回避无助于问题的解决，退却只能丧失发展的机遇；安于现状、放任自流更是对人民司法事业的极端不负责任。只能查找原因，解决问题，克服困难，进一步加强队伍建设。深刻反思此次事件的发生，不难发现，法院队伍、法官队伍当前存在的问题，有着历史、社会、制度设计、工作机制等深层次原因；不难发现，无视法官职业的特殊性，把法院等同于普通党政机关，把法官等同于党政普通公职人员的制度设计违背了司法规律；不难发现，长期以来单纯依靠增量投入的队伍建设模式已经难以为继。新时期、新环境、新形势、新要求，现阶段加强队伍建设必须回归司法规律，必须切合法官职业的社会定位，必须回应党和人民群众的法治期待。推进“三化”建设，从制约法院司法能力的最基础、最核心、最重要的因素出发，提升法院队伍、法官队伍的整体素质，对于推进法院司法能力建设，防止司法人才的大规模流失，扭转当前法院工作的被动局面具有重要意义，也是对于法官队伍法院队伍的真正关心爱护。

必须加快推进法官正规化建设，切合法官职业的社会定位，凸显法官职业特殊性。通过准确把握法官职业的社会定位，准确把握司法权的本质属性，尊重法院工作的客观规律。一方面，以分类管理改革为基础，从国情和审判执行工作实际出发，明确法官、审判辅助人员、司法行政人员责权关系，完善法官单独职务序列制度及配套措施，形成以法官为中心的法院人才队伍合理布局。使法官职业定位区别于普通党政公职人员，区别于法院内部行政管理、后勤辅助人员，更区别于社会非公职人员，提高法官职业的尊荣感。从组织机构设置、法官职责权力、法官工作机制等方面入手，改革不符合司法规律的行政化管理机制，拓展法院队伍、法官队伍的职业前景、发展空间。另一方面，完善法官职业行为准则、法官职业监督机制、惩戒机制，实现司法与党政、传媒、社会的良性互动。把司法权的运行置于阳光之下，坚持党对司法事业的领导，主动接受各级人大、政协、上级法院的监督指导，接受检察院的法律监督，自觉接受当事人和传媒、社会公众的监督，确保法官队伍法院队伍清正、清廉、清明。

必须加快推进法官专业化建设，切合司法职业的法律性，凸显法官的专业能力道德品行。通过改革法官遴选、培养、任免制度，一方面把具有坚定法治信念、忠实于宪法和法律，法律实践经验丰富、法律知识技能突出，道德品行高尚，敢于担当的法律人才吸引到法院中来；另一方面加强专业化建设，提升业务能力和司法水平，建立适当的淘汰机制，倒逼现有法官群体提升政治思想、业务能力、法律伦理等综合素质，增加责任感和使命感，坚定理想信念，筑牢思想防线。在制度设计、工作机制等方面凸显法官职业的法律性，把法官打造成为法律专业人士中知识最广博、实践经验最丰富、专业能力最强、道德品行最高的群体，使法官成为名副其实的“法律帝国的王侯”，进而以法官为核心，打造具有共同法治理念、共同法治话语、共同法律技能、共同法律伦理的法律共同体。在审判、执行工作中，尊重司法规律，依法正确履行司法职能，通过法官、法律共同体、社会公众的共同努力，向社会提供优质高效的司法产品，让人民在每个司法案件中都感受到公平正义，从而回应人民群众的法治需求，实现党对法院工作的新要求，贯彻习近平总书记关于社会主义法治建设的重要指示。

必须加快推进法官职业化建设，稳定法院队伍，确保司法廉洁，防范司法腐败。此次事件对法院队伍、法官队伍冲击极大。事件发生后，法官群体备受责难、承受重压，负面情绪严重。享受科员的待遇，拿民工工资，却要干哲学家的活，操菩萨的心，忍受对神的苛求，职业发展空间狭窄，责任风险与待遇保障不相匹配，法官的生存状态不容乐观。如果司法环境得不到提升，职业前景得不到改善，职业空间得不到拓展，部分法官将用脚投票，不排除发生司法人才大规模流失的可能，尤其是经济、文化发达的京津冀、长三角、珠三角城市群、各省会城市。以完善职业保障为重点，改革法官职业保障、身份保障、风险保障，在不断完善中国特色法官制度的同时，积极推动法官职级待遇、薪酬福利等职业保障有关规定的落实，探索建立法官身份保障制度，从制度上消除对司法权不必要的干预和不正当的影响，保障法官依法履行职权，保障法官依法独立行使审判权，保障法官能够只服从于法律与良知。使法官的身份、待遇与责任、风险相适应，以职业前景和发展空间激励法官，从根本上解决司法人才流失的问题，从根本上实现法官队伍的廉洁，防止司法腐败。

党的要求、人民群众的期待强烈热切，顺应人民群众的司法需求，实现人民群众的法治期盼，贯彻习近平总书记关于法治建设的重要论述，既是压力，更是动力与助力。党和人民的法治要求、法治期望、法治追求是人民司法事业不断进步的力量源泉和根本动因。只有继续深化司法改革，加快推进法院“三化”建设，才能破解当前发展困局，推动法院工作再上新台阶。

（2013年8月7日于穗）

尊重司法请从公权始

媒体报道称，广东省雷州市政府某机关拖欠承包方工程款三百六十万元十五年未还。2006年，广东省高级人民法院判决其还款，并签署了协议。但直到今天，不但钱不见踪影，甚至连原告垫付的诉讼费都没有还。面对记者的质问，雷州市一位副市长称：“不能盲目相信法院。”

我国《宪法》规定了执政党领导的人民代表大会制度下的“一府两院”政治架构。人民在中国共产党的领导下，经由各级人民代表大会制定宪法和法律。作为党、国家和人民意志体现的宪法和法律理应得到包括各级政府机关在内的一切社会主体的尊重与遵守。对此，我国《宪法》明确规定，一切国家机关和武装力量、各政党和各社会团体、各企业事业组织都必须遵守宪法和法律。一切违反宪法和法律的行为，都必须予以追究。任何组织或者个人都不得有超越宪法和法律的特权。《宪法》同时明确规定，人民法院是国家的审判机关。另外，我国民法规定了平等地保护民事主体合法权利。《刑法》规定了拒不执行人民法院生效裁判属于犯罪行为，应当依法追究刑事责任。

一个县级地方政府的下属机关作为民事合同的一方当事人，

本应信守合同，尊重对方当事人，履行自己的法律义务，承担自己的法律责任。一个普通的工程承包纠纷，历经一、二审，人民法院的裁判已经发生法律效力，双方当事人的实体权利已经得以明确，诉讼程序已经穷尽。尊重司法判决，自觉履行判决确定的义务，本应是雷州市政府的不二选择。然而公众看到的是雷州市政府的傲慢与张狂。在雷州市政府眼中丝毫没有对于合同相对方权利的基本尊重，丝毫没有对于人民法院生效判决的基本尊重。在该案执行中，一方面雷州政府至今未支付工程款项，另一方面人民法院是否依法穷尽了一切执行手段和措施？

“法者，天子与天下共守之。”封建王朝的皇帝尚且需要遵守法律，现代国家的公权力机关更应遵守宪法和法律。中华人民共和国的一切权力属于人民。一切公权力来源于宪法与法律，遵从于宪法和法律确定的边界、规则、程序。司法与行政的相互约束与规制也是现代国家政治结构的基本要素，尊重司法就是尊重宪法和法律。历史的经验教训告诉我们，当公权力异化、异变直至无所顾忌、肆无忌惮时，也就动摇了自身存在的根基。当社会的法度、法令和政治伦理不足以约束公权力时，历史的铁律就出场了，大厦轰然倒塌。公权力机关不能带头守法如何要求民众守法？以权代法、以权压法、以权抗法是对法治最大的破坏，对政权最大的腐蚀。对于个别糊涂官员，人民法院有必要“打脸掌嘴”，让其清醒。对于已经走到法律和人民对立面的个别官员，人民法院更应断喝：“展昭何在！”

（2013年12月28日于穗，2014年1月25日修改）

装什么毛线

自从薛蛮子嫖娼、王功权聚众、司马南钓鱼，微博江湖沉寂许久，少了许多的乐趣。近日忽然热闹起来，欢声笑语一片。

2014年1月7日，袁律师在山东青岛，与青岛市南区法院短兵相接。此前，袁律师声称因某案件向市南区法院提起行政诉讼，该院未做出立案与否的裁定，剥夺了当事人的起诉权和上诉权。当日，袁律师到市南法院讨要说法，与法警遭遇。袁律师声称，法警如同捉小鸡一般把其扔出院外。市南法院则声称，袁律师竟敢殴打法警，已向公安报案。

当大家作壁上观，想看看全武行，品品袁家枪与杨氏刀法谁更有杀伤力时，有网友翻找了新浪认证为市南区法院官博的@市南法院2014 的微博，发现该微博在上班时间有一则为郭德纲是否上春晚的投票微博。网友如获至宝，说此条微博非所宜言、官博不应如此八卦。这无异于从侧面狠狠地捅了市南区法院一刀，官博管理员显然不知道现实正在发生的事，回应："这个世界已经是悲剧，有点娱乐精神好不好，装什么毛线！"同时，袁律师大摇大摆地从派出所出来。武打片忽然改编成娱乐片，韩剧都不敢这么写。

出于对司法的尊重，对于行政诉讼是否符合立案条件，是否有不立案的法定事由，笔者在此不作评判。只是市南区法院官博在娱乐公众的同时，苦了自己。在围观者的欢笑声中，删帖、清零、销号，八百里加急，一气呵成。其间似乎为了逃避搜索，把改定的官博写成了市北区法院。有点仓皇出逃、慌不择路的态势。

这个世界从来不是悲剧，太阳每天从东方升起。雾霾的威力远远不如胸中的戾气，内心的恐惧让人迷失了自己。司法者总让人想到知识渊博的智士和宽容大度的长者，而市南区法院的表演却让公众看到了“愤青”的稚嫩和懦夫的慌乱。

离开法治，离开法律，离开公平正义，司法只是毛线。司法天然置于当事人双方的质疑与评判下。电脑、手机、相机一体化，实景、实况、实时的互联网新技术，等级森严的金字塔被扁平化。全方位、全过程、交互式、主动或者被动的司法公开，司法在阳光下前行，市南区法院显然没有做好充分的准备。挥舞着两把菜刀就敢冲下山，占领广播站就占领了舆论高地，离婚、轻微伤害、小额债务，掌握五六个法条就能混三十年伙食，这样的时代已经终结。党和人民群众的法治要求越来越高，案件越来越多，案情越来越复杂疑难，当事人和律师越来越不按照法院的预案玩，司法的大环境已经发生颠覆性的变化，而制度设计、工作机制、司法理念、职级待遇还是老样子。储备不足，流失严重，没有高手，拿什么亮剑？从江苏靖江到广西北海再到青岛市南，每一次出招都是醉拳。

自媒体时代，大新闻平台，每个人都是节点，宇宙不再是水平面，权力不再有天然的话语权。世界悄然在改变，你装什么毛线！

（2014年1月8日 于穗）

怒放的疮

昨日CCTV揭开了一个早已敞亮的盖子，披露了一个早已公开的秘密：当代“性都”东莞的色情服务行业。东莞市公安局当天成立专案组，查封被曝光的十二间涉黄娱乐场所，并对全市娱乐场所开展统一清查行动。中堂镇公安分局局长、涉黄酒店所在地派出所所长已被停职调查。此事已引起广东省委省政府的重视。省委胡春华书记批示要在全省开展专项扫黄整治行动，先治标，打出声威，再治本，综合治理。

“黄流”由来已久，“黄祸”泛滥至广。自20世纪80年代十万“黄军”下东莞；到20世纪90年代各地争相喊出“牺牲一代少女，发展地方经济”；再到东莞探索出卖淫服务标准化规范，东莞确立了当代“性都”的标杆地位。其间，运动式打击多次，专项整治多次，每一次都如秋风之来，每一次都死灰复燃。卖淫嫖娼已然危害社会，其衍生的危害更烈。卖淫嫖娼背后毒品、斗殴、敲诈、绑架、强奸、拐卖，一系列恶性刑事案件高发。东莞常住人口不到广州、深圳的一半，每年恶性刑事案件与广州、深圳持平，对犯罪率的贡献，性服务行业“功不可没”。要在法律高压之下做大做强做成产业，必然是打手镇场、暴力控制、黑帮猖狂，金钱开道、保护伞罩上，最终必然是红、白、黑三道合流。

“黄祸”横流的何止东莞！走到哪看不到“莞式服务、工薪消费”的广告牌？整个社会笑贫不笑娼，道德底线一再退让。相关部门不但不查处，反而提供保护伞，以吸引外资、外宾为名，法律红灯屡屡被闯。脓疮溃流的何止是性服务，各大中城市个个雾霾，处处“喂”人民“服雾”，对资源的掠夺性开发，蓝天白云已不再。地沟油、假鸡蛋、劣质药，食品、药品安全令人担忧。教育找不到北，医患之间如敌人。所谓的知识精英成了“砖家”“叫兽”。尊重生命、自由、财产、尊严，遵守宪法、法律、程序、规则，奠定社会基础的基本价值观，本应深入到每一个人的骨髓，却成为死脑筋、呆木头的代名词。

决定丐帮弟子多少的不是帮主而是官府。提升社会治理、社会服务的整体水平，建立正确长远可持续的发展观，打破唯GDP、唯金钱论，重视经济发展的同时，注重社会的全面均衡发展，寻求社会公平正义的同向进步，才是未来应着力之处。

毒蕴于内，疮发于外。疮是病症，毒是病因。去疮易，排毒难。刮骨疗伤易，固本培元难。卖淫嫖娼、性服务行业乃至于其他一系列社会问题构成了社会机体的疮，然而仅仅是疮，疮的全面暴发必定是因为有毒，疮的治疗必须彻底去毒。抹点药膏遮掩，擦点药水消炎，治标不治本。毒不根治，疮必复发。

（2014年2月10日 于穗）

裁判之外　法官无言*

在刚结束的全国两会期间，最高人民法院院长周强谈到备受争议的沈阳夏俊峰案，称对于类似重大敏感案件，法院要敢于坚持、敢于担当。“夏俊峰是一名摊贩，杀了两个城管，造成一人重伤。但是就因为夏俊峰是摊贩，对方是城管，大家对城管有偏见，所以有些人、甚至有些社会上的大V就鼓动说这人不能杀。但是这种人不杀就非常危险，就好像两个人关起门来吵了一架，你把人杀掉了，如果这样也是正当防卫，这个社会就会天下大乱。”

周强院长的谈话遭到强烈的质疑，引来了激烈的争论。

中国政法大学副教授萧瀚发文《这是首席大法官该说的话吗》。文章认为，没有个体和具体的正义就不会有群体的正义，并且从来没有抽象的正义。夏俊峰案是一个有重大程序瑕疵的毫无公正性的案件，而周强院长的谈话以所谓抽象正义否定具体正义和个体正义，与首席大法官的身份和应有素养极不相称。担任夏俊峰案复核审辩护律师的陈有西律师则反击：“大法官的基本

* 本文部分内容发表于2014年4月21日出版的《人民法院报》。

涵养，一是慎杀，二是慎言，不该过于讲政治，而忘记了需要自保名节、需要谨慎地坚守大法官这个要如履薄冰的大位。”陈有西嘲笑周强院长没有司法官的经历，对司法实践、证据规则和程序法规则非常陌生。同时重发了复核期间的辩护词和十三篇办案详细过程。

也有网友认为，应理性看待最高人民法院关于夏俊峰案的表述。

那么这样的职位，这样的场合，这样的话语，当讲不当讲？

司法是利益诉求、权利表达的理性平台，是事实、证据、法律语境下相对封闭的法治空间。司法的本质是裁判，是认识，是法律适用，具有吸纳经济、政治、人文等社会观念的功能，具有把利益冲突、权利冲突、观念冲突局部化、技术化的功能。证据如何采信？事实如何确认？如何理解适用法律？基于什么样的价值考量做出相应的判决？如何引导社会的核心价值、主流价值？裁判的法理依据何在？当事人的诉求与答辩能否成立？这些都需要司法做出解答。

因为差异，所以抗拒；因为分裂，所以质疑；因为对立，所以撞击。在激烈的社会变革期间，在多元社会结构语境下，在利益诉求、权利表达的多元冲突下，一些具体的个案注定具有标志性的意义，一些具体的个案注定将备受关注。司法天然置于当事人和社会公众的质疑之下，在缺乏尊重司法、尊重规则、尊重程序的法治生态环境之下，司法尤其备受质疑。社会的关切，公众的注目，传媒的炒作，决定了司法不得不有所回应。

无论是主动的论证与引导，还是被动的回应与担待，法官乃至于首席大法官理当发出自己的声音。

在理想的法治状态下，司法有着特殊的音质，其声音不同于官吏，不同于人大代表、政协委员，不同于其他职业，不同于社会公众。程序参加者各司其职，既配合又牵制，通过理性的具有针对性的对话、讨论、交涉、论证、辩论，说服，得出司法决定。司法结论的形成来自控（诉）、辩、审三方结构下的控辩角力。在充分的程序保障下，审查证据材料，听取控辩主张，确认案件事实，查找并适用法律，就是法官的职责。既然司法的结论来自理性，那么法官就应理性地发出声音：论证并做出判决。法官的目光驻留于证据，法官的果敢在于决断事实，法官的风采在庄重威严的法庭上，法官的智慧在汗牛充栋的法典里，法官的言语在裁判文书的字里行间。裁判就是法官的声音，论证就是法官的声明。裁判之外，法官无言。

在司法案件中理性发声，不仅仅是对法官的要求，更应该是对整个社会的要求。案件当事人、舆论传媒、社会公众诚信诉讼、理性沟通、正当诉求，尊重司法裁判，遵从程序规则，除了事实、证据、法律的较量外，不应以其他案外因素影响司法。然而，丰满的理想终究遭遇现实的骨感，法治的生态远远未达理想。当事人过度诉求，专家肆意解读，律师狂抓眼球，媒体无序炒作。案件当事人、舆论传媒、社会公众的法治理念、法治实践仍亟待提高。裁判之外，法官仍然不得不面向公众喊话。这不仅是司法之痛、法治之痛，也是社会之痛。

（2014年3月20日 于穗）

什么才是法官的高大上

就在最高人民法院与四大媒体和十二大网站在全国基层法院找寻最美法官，评先进、比先进、学先进，形势一片大好的时候，网络曝出一名女子冒充法院人员侮骂殴打群众和云南法院法官殴打保安，弄得法院系统内部灰头土脸。

2014年4月10日，一名网友在微博上称，带孩子去打疫苗，父亲在停车场被一名女子倒车撞上，当保安上去制止时，该女子下车直接对网友进行撕扯打骂，警察到来后，该女子亮出貌似北京市东交民巷27号停车牌，炫耀自己身份特殊。东交民巷27号正是最高人民法院所在地。最高人民法院新闻发言人表示："经对涉事女子照片及各种信息比对，我院工作人员中，没有该名女子。"没有背景的才拿背景说事，最高人民法院真是躺着也中枪。

如果说躺着中枪无关法院声誉，法官惹事则免不了"清理门户"。2014年4月7日20时，云南昆明一小区发生业主殴打保安事件。据称施暴者为云南省高级人民法院民二庭一位副庭长。云南省高级人民法院于4月11日回应："立即由纪检监察部门组成调查组立案调查；调查期间，对其先行做出停职检查的处理决定。根据调查情况，依据相关规定做出进一步处理。有关调查和处理情况将及时向社会和媒体通报。”这位“小哥”，居然亲自动手打保安，居然忘了江湖处处摄像头？弟兄多，职位少，多少人盯着你的副庭。都说江湖越老，胆子越小。小哥，你算白混江湖二十年了。

忙里偷闲，笔者粗略看了看寻最美法官活动：长期扎根基层，带病坚持办案，深入田间地头，亲情感化少年，巧解婆媳矛盾，明断邻里纠纷……对比二十年前的先进，不但套路没换，姿势都一个样。

什么才是法官的“高大上”？改革开放前以及初期，案件种类单一，群众要求不高，知道“欠债还钱、打人无理、过不下去就离”就足够混到退休。改革风动，法治理念、法治实践早已突飞猛进。知识产权、行政诉讼、证券、房地产、破产、罪与非罪……需要辨真伪、鉴黑白、决是非、断善恶的高端案件多了去了。发展空间狭窄、职级待遇低下、职业尊荣不显的司法现状下，守得住寂寞、经得住诱惑、受得住委屈、抗得住强权……坚守法治的心路艰难而痛苦，家国情怀的长者、学识渊博的智者、其志难夺的勇者、悲天悯人的仁者，这才是法官的高大上。典型的塑造是有形的，榜样的效应是无穷的。学者、检察官、法官、律师等法律人关注什么？当事人、传媒、社会公众期待什么？不与天地合一，不顺应时代潮流，就打不通司法的任督二脉，修不成绝世的武功。自以为是论剑华山绝顶，其实是岁岁年年花相似，稍不留神还被武功平平的混混“背后捅一刀”。

（2014年4月12日于穗）

法界神器口袋罪

20世纪80年代经常搞“公捕公审公判”大会，学生们常常被拉去捧场。印象中，每次公捕公审公判总少不了流氓犯。花格衬衫喇叭裤，轻浮面容长头发。打群架，砸场子，搞破鞋，跳贴面舞，听靡靡音，偷看女生洗澡，偷拿女性用品，调戏女青年，随地大小便……各种粗野、低俗、猥琐无底限。流氓犯们大都身形瘦小、耷拉着脑袋，眼神躲躲闪闪，和杀人越货的江洋大盗根本不在一个档次。幼小的心灵受到巨大的震撼，从心底鄙视流氓犯。

在法学院学习法律时发现流氓犯居然可以判死刑，案例中见到了影星迟志强、歌手张行的流氓罪行。精神病理学老师说，偷拿女生内衣裤是病不是罪，得治。从事法律工作后，个案之中仍能看到流氓犯。霸占售票窗口，强行发放自制的编队序号，迫使旅客购买序号；未婚男子以恋爱为名，玩弄女性，奸淫多名未婚妇女，情节严重，影响恶劣；公交车上强卖假烟……觉得应该打击又找不到合适罪名的，就往流氓罪靠，流氓罪成了大口袋，什么都能装。那时还不讲“法无明文规定不为罪，法无明文规定不处罚”的罪刑法定原则，相反刑法中有个类推，推你入罪不客气。

1997年，新《刑法》通过，流氓罪被取消，分拆为聚众斗殴、寻衅滋事、聚众淫乱、引诱未成年人参加聚众淫乱、盗窃、侮辱尸体、强制猥亵、侮辱妇女、猥亵儿童等具体罪名。分解出的这些罪名全都废除了死刑和无期徒刑。流氓犯成为历史名词。按照1997年的《刑法》，随意殴打他人，情节恶劣；追逐、拦截、辱骂他人，情节恶劣；强拿硬要或者任意损毁、占用公私财物，情节严重；在公共场所起哄闹事，造成公共秩序严重混乱的构成寻衅滋事罪。

用得称手的工具总还想用。大口袋没了，小口袋依然。非法插手民间纠纷，殴打他人；强行收取各种形式保护费；以强迫手段索赔、讨债、从中牟利；妨碍拆迁；越级上访进京上访；编造散布虚假网络信息转发五百次；拉个横幅要求官员公开财产；拉个横幅赞同官员不公开财产；闭门开会；街头散步……立法解释、司法解释、具体个案，不断扩张寻衅滋事的外延。按标准的学理分析，寻衅滋事罪是为了满足要威风、取乐等不正常的精神刺激或其他不健康的心理需要。

东海龙王的定海神针到了孙悟空手里就成了大闹天宫打砸抢的作案工具。唐僧师徒西行遇到的各色妖魔总有些瓶、圈、绳之类厉害的法宝，追查来历都是从天庭偷带下凡。瓶还是那个瓶，圈还是那个圈，绳还是那根绳，在天庭是降魔除妖的法器，到了妖界就成了为害人间的凶器。操持者不同，效应不同。

法界神器口袋罪，总有一款适合你。

（2014年5月7日 于穗）

那年，黄海波走过十字坡

2014年5月15日，演员黄海波嫖娼被警方当场抓获，并被处以十五日行政拘留。5月31日，北京警方证实将对黄海波收容教育六个月。警方做出此项决定的法律依据是国务院的《卖淫嫖娼人员收容教育办法》。

1991年9月4日全国人民代表大会常务委员会通过的《关于严惩卖淫嫖娼的决定》第4条第1款规定："对卖淫嫖娼的，依照治安管理处罚条例第30条的规定处罚。"第4条第2款规定："对卖淫嫖娼的，可以由公安机关会同有关部门强制集中进行法律、道德教育和生产劳动，使之改掉恶习。期限为六个月至二年。具体办法由国务院规定。"依据此项授权，1993年9月4日国务院发布《卖淫嫖娼人员收容教育办法》。

1986年9月全国人民代表大会常务委员会通过《治安管理处罚条例》，1994年5月修正，2006年废止。《治安管理处罚条例》第30条1款规定："严厉禁止卖淫、嫖宿暗娼以及介绍或者容留卖淫、嫖宿暗娼，违者处十五日以下拘留、警告、责令具结悔过或者依照规定实行劳动教养，可以并处5000元以下罚款；构成犯罪的，依法追究刑事责任。"2005年8月28日全国人民代表大会常务委员会发布《治安管理处罚法》。《治安管理处罚法》《治安管理处罚条例》与《关于严惩卖淫嫖娼的决定》，立法主体同为全国人民代表大会常务委员会，针对同一事项同一惩治对象，法律效力处于同一位阶，按照后法优于前法，对卖淫嫖娼人员的惩治，2006年3月1日前应适用《治安管理处罚条例》；2006年3月1日后应适用《治安管理处罚法》。处理的方式只能是拘留、警告、责令具结悔过、劳动教养、罚款等其中之一种或一种与罚款并罚，并不包括收容教育。

2000年8月全国人民代表大会颁布具有宪法性质的《立法法》。该法第8条第（5）项规定，对公民政治权利的剥夺、限制人身自由的强制措施和处罚只能制定法律。而法律的制定权仅属于全国人民代表大会及其常务委员会。依照“立法法”第9条规定，对公民限制人身自由的事项，不得授权国务院制定行政法规。显然国务院无权制定有关对公民限制人身自由的收容教育的行政法规。根据上位法优于下位法、后法优于前法，1991年9月《关于严禁卖淫嫖娼的决定》中对国务院的授权与《立法法》相抵触，该项授权及依据授权做出的《卖淫嫖娼人员收容教育办法》应自《立法法》生效之日起，失去法律效力。

联合国《公民权利和政治权利国际公约》第9条规定：“人人有权享有人身自由和安全，任何人不得加以任意逮捕或监禁。除非依照法律所规定的根据和程序，任何人不得被剥夺自由。”我国《宪法》规定：“一切法律、行政法规和地方性法规都不得同宪法相抵触。”“国家尊重和保障人权。”“公民的人身自由不受侵犯。任何公民，非经人民检察院批准或者决定或者人民法院决定，并由公安机关执行，不受逮捕。禁止非法拘禁和以其他方法非法剥夺或者限制公民的人身自由，禁止非法搜查公民的身体。”公民的人身自由不受非法侵犯，对公民自由的剥夺只能由法律为之，并应遵循一定的法律程序，一切法律事务均应纳入司法审查的范围，权利可能受到损害的当事人有权获得相应的司法救济途径，这些基本的原则早已被现代宪法理念与法治实践所普遍认同。包括之前的劳教制度在内的一系列行政处罚措施，以行政条例规定，以行政手段行使，未经司法审查，未提供司法救济，既无宪法之依据，又违背权力之制衡，更被民意所唾弃。劳教制度既已被废除，同理，收容教育也已失去存在的依据。

《水浒传》中母夜叉孙二娘与丈夫孙青在十字坡开酒店卖人肉包，武松被发配时走过十字坡，险遭毒手。许多过往商客都着了道、中了招变成了包子。若是江湖中人，知道那是黑店，报上名号，拜过码头借条路走。倘若臭味相投，结拜成兄弟，一同喝酒吃肉。孙二娘长期经营黑店，江湖虽有传言，官府未及剿灭。黄海波既非江湖好汉，也不懂江湖规矩，免不了命中有此一劫了。

反暴反恐模式开启，治安形势严峻，有限的政法资源应当用于应对严重危害人民安全、国家安全、政权安全的违法犯罪。至于男人下半身的那点事，由它去吧，没必要下那么猛的药。

（2014年6月1日于穗）

司改笑谭

按：2014年6月6日上午，中央深化改领导小组第三次会议审议通过《关于司法体制改革试点若干问题的框架意见》《上海市司法改革试点工作方案》和《关于设立知识产权法院的方案》。司法改革冲锋号吹响。

真的吗？这是真的吗？中央深改组通过司法体制改革试点框架意见了吗？上海真的要试点了吗？真的要设立知识产权法院了吗？总舵真的要设六大巡回分舵了吗？可是，这与我有什么关系呢？这一切的一切又与我有什么关系呢？转会事宜商谈很愉快，黑木涯给出了性价比不错的职位，恒山的平台虽然小了些却是我自己说了算。还有什么可留恋的呢？师父的武功远远不及我却迟迟不愿交出案件审批权，灵珊小师妹投入了高富帅林平之的怀抱。司改来得太晚，我只想来一场惬意的醉。令狐冲紧锁的眉头舒展开来，决定公休之后递交辞职信。

司改不知不觉地降临了。官媒的通稿异常有力，党报的评论打了鸡血。官路上任何季节、任何时候总有客商出没。这个晚上，尤其不同寻常，陡峭的官路上远远传来嘈杂的声音，还隐约闪烁着几点光亮。一双双血红的眼睛贪婪的扫视，似乎在寻找官帽的踪迹。与此同时，不远处的驿站，岳不群略显烦躁。天朝的官路狭窄而拥堵，在这个位置上停留得太久，这个低矮的驿站绝不应是自己最终的归宿。令狐冲的离去削弱了他的实力，左冷禅的异动击打着他的信心。再次急迫地研读了一遍纲要，想到已被试点，岳不群逐渐轻松起来，忘掉了周围的一切，嘴角渗出了血丝一缕。

夜黑风高，焦灼笼罩着蒙古包。

只听得郭靖对六位师父道："师父们难道不能再等等，不能再混几年提前退休，干了那么多年，又何必在这个年龄出去打拼。司改的方案未必对基层不好。"大家都向飞天蝙蝠柯镇恶看去，柯镇恶沉吟许久却不说话。越女剑韩小莹道："靖儿的话也有几分道理，要不再看看。"柯镇恶缓缓道："庙堂哪懂江湖的苦。十年是如此，二十年、三十年还是如此，为何还要傻傻地熬。就说这次司改吧，方案给咱们瞧上一眼了吗？听听咱们的想法了吗？办了一辈子的案子还不如全真教玩两年的大数据。据说还要延迟退休附送终生追责。"妙手书生朱聪接口道："听丐帮的弟兄们说，外面的世界饿不死，早走早快活。咱不图权，钱与闲总或有一样吧。人生有时需要一场说转就转的华丽。"

江南六怪收拾了行李，迎着初升的朝阳大踏步向南而去。郭靖望着师父的背影找不到北。

真是闲处光阴易过，忙来忘了岁月，倏忽又是盛夏矣。向问天呆呆地看着办案系统。去总公司培训回来，案上的卷宗不减反增，还多了几个红艳艳的预警。缓过神的向问天急急拨打任盈盈的电话申请扣除审限。任盈盈是前帮主任我行的宝贝千金，早早地就是向问天的上级。任盈盈的口气不大好听，似乎刚与男友斗气，"老向啊，你要我怎么说你呢。你也是老同志了，要给年轻人带个好头吧。对了，上周让你们复议的那个案怎么还没报上来？”向问天额头微微渗出了汗，急忙道：“马上落实，马上落实。”办妥了审限扣除，闭上眼长吁了一口气，想到了总公司培训时司改办的吹风：“让审理者裁判。”向问天的内心忽然有种莫名的憧憬。

改，

司改，

还是司改。

傅红雪的胃阵阵痉挛。这已是上官飞虹第四次祭出司改的法器。江湖并不知道司改的套路和轨迹；江湖也不知道司改的造型与威力；江湖只知道上官飞虹神龙见首不见尾。经历过前面三次司改的人要么吐血，要么分裂，没有留下丝毫有价值的线索。

李寻欢的脸白晰，李寻欢的手修长，李寻欢的眼浅笑绵绵。李寻欢是个管理员。李寻欢的身，在图书馆；李寻欢的刀，胸中藏；李寻欢的故事，江湖传。与李寻欢二十年的交情，傅红雪依然不能确定李寻欢是否会出手。李寻欢始终是李寻欢，不按规则出刀的李寻欢。时而侠义，时而忧郁，时而酷毙。

想到可能要独自面对上官飞虹不可知的司改，傅红雪的胃阵阵痉挛，握紧了剑柄。

司改想必是极好的。去地方化维护法治统一，去行政化回归司法规律，顺便给弟兄们多收三五斗米。可是，可是，要“臣妾”交出案件审批权，与基层法官们一样办案，“臣妾”，“臣妾”真的做不到！还有，还有，撤销审委会，是谁出的馊主意，虽说“臣妾”从没办过案，把审判权交给小年轻，“臣妾”，“臣妾”真的不放心。什么？才人从宫外引进？这个，这个，万万不可以！

（2014年6月10日 于穗）

司改笑谭之二

——七种武器

按：此次司法改革试点聚集于建立司法人员分类管理，完善司法责任制，健全司法人员职业保障，理顺司法权运行机制。

有人就有江湖，有江湖就有争斗，有争斗就有武器。司法的江湖也不例外。司法江湖山头林立、门派众多、武功繁杂，拳、脚、棍、棒、刀、枪、剑、戟，十八般武艺林林总总。传说最顶级、最高端、可战可守、可观可叹的武器有七种：孔雀羚、铁布衫、生死符、屠龙刀、夺命枪、霸王鞭、铁算盘。

孔雀羚

功用：先声夺人。

装备情况：未标配，无可标配。依靠个人修为，武功至臻小宇宙大爆发后自然展现。

战力：攻击力零，威慑三星，自我满足五星。

未战，先声夺人。法官的形象关涉法治的信仰，法官的境遇折射法治的命运。法官无权威则法律无权威，法官无尊荣则法律无尊荣。法官职业不同于检察官、律师、法学教授，不同于党务行政，更不同于普通社会职业。司法管理现状未突出法官职业鉴黑白、辨真假、决是非的社会定位，对司法人员实行与普通公务员基本相同的集权化管理模式，行政权与审判权不分，审判人员与司法行政人员、后勤辅助人员不分，发展空间狭窄，职业前景暗淡，职业尊荣不显，无法吸引挽留最优秀的法律人才。司法人员分类管理，建立一套科学的、符合司法规律，切合法官社会定位的职业建设体系。于内，逐级选任法官，打通任督二脉；于外，扩大法官选任渠道，打通大小周天，使法官成为法律专业人士中知识最广博，实践经验最丰富，专业能力最强，道德品行最高的群体；使法官的整体综合素质高于检察官和律师；使高审级法院法官整体综合素质高于低审级法院法官。经由法治的环境、法治的土壤培育，职业的尊荣与超然的智识德品完美结合，孔雀羚灿然绽放照亮法治的天空。

铁布衫

功用：防护。

装备情况：未标配，拟标配。

战力：攻击力零，抗击打力三星。

善攻者必善守，不待敌之不攻我，待我之不可攻。司法关乎利益诉求、权利表达，本身极易成为攻击目标，受到法外因素的制约干扰，被强权践踏、被资本收买、被人情干预、被伪民意绑架。要求法官只服从于宪法和法律，只服从于良知，就必须对法官给予充分的职业保障、身份保障、风险保障，使身份、待遇与责任、风险相适应。从制度上保障法官依法履行职权，消除对司法权不必要的干预和不正当的影响。非因法定事由不受免职降职，正当职务行为不受非法追责，法官才有“道之所在法之所在，虽千万人吾往矣”的底气。享受科员的待遇，拿民工工资，干哲学家的活，操菩萨的心，忍受对神的苛求，裸并战斗着绝不是真正的勇士。

生死符

功用：内控。

装备情况：山寨产品盛行，正品研发试制中，拟标配。

战力：自伤自残五星。

司法的江湖一度盛行唐门暗器。层层审批、逐级请示，法官之外有法官，法官之上有法官，法官之后有法官。审者不判、判者不审。杀人于无形，决案于无迹，以为死于刀下，其实遍体枪伤。胜者不知何以胜，败者不知何以败。如有差错也无从追究。回归司法规律，完善司法权运行，让审理者裁判，由裁判者负责，突出法官办案的主体地位。相应地，有权必有责，严格错案责任追究，对所办案件终身负责，防止法官滥用权力。生死符于办案时植入，因不正当行为催发，以责任倒逼守正。然生死符自伤自残威力极大，必须以法定事由限定之，与铁布衫一体标配。否则“领导感冒法官吃药”，必沦为唐三藏的紧箍咒。

屠龙刀

功用：违宪审查。

装备情况：传说，未睹尊容，更未见刀锋。

战力：无极限。

宪法是国家根本大法。违宪审查权奠定立法、行政、司法三足鼎立的权力生态。经由审查立法文件、行政法规是否与宪法相悖，判定立法文件、行政法规的效力，甚至判定政党、政府的合法性，进而解释宪法和法律，掌控话语权。美国小布什总统职位之争，泰国宪法法院宣布英拉看守政府非法，均显示违宪审查的威力。传说中的违宪审查堪称屠龙宝刀，其锋不可犯，非命世之才不敢锻造，非命世之才不敢操持。

夺命枪

功用：夺命、夺身、夺财、夺尊严。

装备情况：专配刑事审判。

战力：超五星。

法之大者，治狱刑杀。刑罚夺命、夺身、夺财、夺尊严，是司法重器、杀器，必须准确无误、例无虚发。夺命枪战力超强，若有差错，严重侵害当事人的生命、自由、财产、尊严，伤害社会公众的法治情感，消减司法公正，损害司法公信。必须配合人权保障、无罪推定的原则、理念及具体制度规则程式，构筑控辩对立、裁判中立的诉讼结构；重构公、检、法关系，尊重公民权利，遵守程序规则。当前刑诉江湖司法理念陈旧，国家本位、权力本位、义务本位理念盛行，引致冤案、冤狱的原因并未完全消除，相应理念、制度、规则、程式的反思并未完结。命案必破、有罪推定、重口供轻证据、限制剥夺辩方权利、“三长”会商、案件请示、提前介入、非法证据难以排除、发改率考核等违反诉讼规律、违反诉讼程序的做法未从制度层面彻底纠正。

霸王鞭

功用：制约行政权。

装备情况：专配行政审判。

战力：四星。

具有主动性、强制性、执法性的行政权在行政管理活动中因各种原因极易产生行政争议。依法治国入宪，行政审判通过对具体行政行为的司法审查规制行政权。然而现行地方化的机制设置中人财物受制于地方的制度下，行政审判难以排除干预,严重阻碍了行政审判的公正性。行政审判的实际地位与宪法和法律规定的地位不相符合，对行政相对人诉权保护不够充分；行政审判法官因依法办案而遭受打击报复的事件依然存在。因未能得到武林至尊屠龙刀，司法至今不能号令武林。制约行政权的霸王鞭本是司法立威立身的大器，足以令司法独霸一方。多种因素制约下，法官不敢挥鞭或高举轻放甚或授鞭于权，霸王鞭尘封久矣。司法只能面隅而泣。

铁算盘

功用：核算价值、权利、利益。

装备情况：专配民商事审判。

战力：三星。

人民的福祉是最高的法律，民之所欲，法之所系。私法自由、意思自治贯穿民商法律，其核心在于民事权利与民事法律行为。平等民事主体在法定范围内根据自己的意志从事民事行为，行使民事权利，通过民事法律行为产生、变更、终止民事法律关系。解决平等民商事主体之间民商事纠纷的民商事审判，最基本的职能在于确认和保护民事权利，培育和发展公民权利意识与平等观念。铁算盘的功用在于核算当事人之间的价值、权利、利益以确认民事责任。在案结事了，注重案件审理的法律效果、社会效果、政治效果相统一的维稳思维下，过多干预当事人的意思自治，动辄宣告合同未成立、无效、解除，动辄民事处罚；重调解轻判决，调解贯穿于诉讼前、诉讼中、诉讼后，无调不欢，甚至宣称追求全调解零判决。你有你的小九九，我有我的铁算盘。你为权利而斗争，我为事了和稀泥。

（2014年6月20日 于穗）

司改笑谭之三

传说葵花宝典为武林至宝，修炼之后可达至上境界：号令武林，一统江湖。

葵花宝典重现江湖；武林争斗血雨腥风。

某男机缘巧合，偶获宝典，狂喜，匿于城市下水道修习之。

翻开宝典，首页赫然八字：“欲练神功，必先自宫”。

某男心潮起伏，面色惨白，思之良久，忖之再三。举刀欲宫，不忍；掩书欲罢，不舍。自思，闯荡十余年，混迹七八省，江湖无名，武林无位，无所建树，泯灭尘世。男闭目咬牙，手起刀落，刀锋冷，下体寒，其势去。

某男忍痛翻页，又八字：“即使自宫，未必成功”。

男头眩目晕，急火功心，一口鲜血涌出。

醒，手抖心颤，再翻页，仍八字：“不必自宫，亦可成功”。某男仰天呼，“为何玩我？”沤血，亡。葵花宝典遂不知所踪。

司法之现状如同某男。

考察司法的起源演化，纠纷各方既不能达成合意，又无法强制对方接受己方的方案时，由双方都能接受的第三方进行裁判就成为解决纠纷的一个路径。实证公众的法律实践，倘若这个第三方依附隶属于任何一方或与任何一方有利害关系，裁判的公正性难免受到质疑，解决冲突纠纷的功能难免受到限制，其权威性也必然受到挑战。只服从于法律和规则，与争议的任何一方无依附、隶属、利害关系的，中立的司法机关及司法人员就成为了一切司法活动的条件和一切司法功能的前提。无论是基于权力的分工，用权力制约权力，还是基于权利的分配，用权力保障权利，依法独立行使审判权都是最基础的程序规则，也是司法权威及司法公信力的真正来源和保障。拒绝任何外部干预、诱惑，服从且仅服从于法律与良知，是司法机关和司法人员行走江湖的底气所在。

简单的法理易于阐释，真实的实践出人意表。

外部，按行政区划设置各级法院，司法管辖区域从属于行政管辖区域，组织、人事、经费、装备均由地方负责，法院在国家政治架构中的地位、身份与宪法规定相去甚远，沦为地方利益、部门利益的工具。内部集权化、行政化管理，行政权与审判权不分，司法功能与政治功能不分。审判人员与行政管理人员、辅助人员的编制、待遇、考核、升迁不分。等级分立的职级结构框架下，审判与行政、政治功能交错，审判政治化、审判行政化，按职务高低分配案件决断权，法官为了行政级别沿着科层阶梯艰难攀爬。外部干预、诱惑，内部束缚、管理。外部缺失基本的身份保障、职业保障、风险保障；内部违反司法规律的各类考核、各种指标，指挥而不是服务审判。

司法之“势”已去，司法官员们或已自宫而不知，或虽知之而自欺，甚或自乐之。

当司法已自宫，案件不再仅是事实、证据、法律的考量，决断不再只是理性的对话与评判，法院无独立审判权也就成了司法的常态。

（2014年6月23日于穗）

白天不懂夜的黑

昨日，@最高人民法院发布了一条微博：“今天下午，最高人民法院院长周强在中国法院网现场办公时说，最高人民法院在运用微博方面有很多创新，很接地气，法官的时间去哪儿了，带着微博去执行，活动很好，直接反映了最基层法官的工作状态，没想到基层法官这么辛苦，这些法官的奉献精神让我很感动，以后要多利用微博组织活动。”

这条转发超五百次的微博被吐槽一地，“没想到上层没想到基层法官这么辛苦。”“我们这么苦，一届一届领导原来不知啊！”“原来领导认为我们在聊天、看报、喝水。”“转发基本靠官号，评论基本是吐槽。”“心不苦，命苦。”“好个没想到，但愿是说给圈外人听的，如果是发自肺腑，那可是寒了弟兄们的心。厄尔尼诺，总公司发福利清凉解暑包？”“苦不苦，想想马锡武！”“社会这么乱，装纯给谁看。”“还是首席辛苦。”“原来高层现在还不知道基层有多苦啊！”“希望领导多关心基层待遇，解决实际问题，这才是最好的体恤下情。”@最高人民法院大概料想到了法院系统人员会前来吐槽，早早地关闭了评论和查阅转发的功能，只显示了来自网评员的区区几条好评。

无论是网络吐槽还是现实出走，都反映了法官的失落与焦灼。拿着农民工的工资，干着哲学家的活，操着菩萨的心，还要受各方面的气，职业空间狭窄，职业保障欠缺，法官的生存状态不容乐观。司法权威不彰，司法公信不显，司法运行不畅，司法急需涨停板！

司法改革近二十年，已经到了最关键的决战期。无论是战略筹谋还是战术安排，无论是战役攻坚还是战区联动，都到了毕其功于一役的总攻。“夫未战而庙算胜者，得算多也；未战而庙算不胜者，得算少也。多算胜，少算不胜，而况于无算乎！”“经之以事，校之以计而索其情。”“知己知彼，百战不殆；不知己不知彼，每战必殆。”司法是实践、是经验，离开对整个司法体系的深入了解，离开对司法活动的感性认知，离开对社情民意的准确判断，离开法官群体对改革的深度介入，如何准确定位四级法院的司法功能？如何理顺司法权运行机制？如何避免单兵突进成炮灰？一系列的顶层设计离开基层的实践、基层的参与、基层的热情都只是肉食者谋。如何吸纳民意，如何接引地气，如何上下齐力已然是顶层设计的前提。谁的改革，谁来改革，为谁改革，改谁的革？官样文章你来我往，闭门造车各说各话，洗地调研东拼西凑，此役不乐观！

虽说生命不息，折腾不止，我待司改如初恋，司改虐我千百遍，然而青春有限、热情有限、耐心有限，到了累了、倦了、厌了、弃了，该走的走，该散的散，让顶层自个去设计吧。

（2014年6月6日 于穗）

行者前行

——昆明“三一血案”百日祭

早想提笔哀悼昆明“三一血案”的死难者。每次铺纸却无语。

儿时的小镇群山四围，西北山脚下有一汪湖水，山与湖的拐角处有个小站，小站有个奇怪拗口的名：黑老湾。常常有过往的客车、货车在小站加水、加煤。与小伙伴沿着铁道玩耍，绿皮车哐噹哐噹而过，窗边的标牌常常有昆明两个字。思绪延着铁轨伸向远方，伸向省城昆明。小学时代表学校去省城参加比赛，在班主任的带领下从黑老湾出发，慢慢悠悠到了昆明火车站，睁着好奇的眼看来来往往的人。离开家乡读大学，坐大巴到昆明，从昆明火车站踏上求学的路。工作在南粤，回家探望亲人，从昆明火车站转乘到家乡的动车。印象中的昆明火车站热闹而不嘈杂，宛如纯朴、实诚、憨厚、平和的云南人。

2006年到祖国大西北旅游。从乌鲁木齐到布尔津，叹赏喀那斯美景；塞外江南伊犁追寻林则徐；南疆明珠喀什，浓郁的民族情调让人心醉；石河子的西瓜、库尔勒的雪梨、吐鲁番的葡萄，满口生津；穿越沙漠公路，感受自然的浩瀚；五星红旗在海拔近五千米的红其拉甫哨所飘扬。十余天的行程，脑海里装了满满的美。

从来没想到过家乡的平实记忆与西北的美好感受会与暴力、恐怖、血腥的场景交集。

事件造成二十九人死亡，一百三十余人受伤。

民族、国家、疆域从来是历史的概念，在岁月的迁延中不断变迁。中华的历史本就是大分裂、大动荡、大迁移、大统一、大融合的历史。各族群长期生活在时而安定统一、时而分裂动荡的国家之中，共同缔造开发了中国的疆域。征战、和亲、通婚、朝贡、互市、赏赐、册封，相互的交流、依赖，血脉相通、文化相融，华夷之分渐淡，最终形成了近现代意义上的华夏国家、华夏版图、华夏民族。国家统一逐渐扩大和巩固，大统一始终是历史的主要趋势，大团结始终是民族关系的主流。即便是大分裂、大割据、大动荡时期，希望统一、追求统一、争取统一，仍然是汉族和各少数民族、包括中央政权和地方割据政权在内的共同信念和实际行动。大分裂、大割据、大动荡的暗黑时代不曾摧毁华夏；大饥饿、大屠杀，自然的灾难与外敌的入侵，不曾扼杀华夏。一个个王朝更迭，一个个帝国兴亡，中华依旧是中华。任何妄图分裂国家、肢解国家、破坏民族统一的图谋终以失败告终。过去，中华走过历史的风风雨雨；现在，中华为民族复兴果敢坚毅；未来，中华仍将以伟岸的身躯在世界东方矗立。

尊重历史与现状，遵守宪法与法律，文明诉求，理性表达、平和沟通、平等对话是解决问题的唯一出路。反人类、反文明、反社会的暴行，针对无辜者的杀戮绝不是诉求。

逝者已然安息，行者仍将前行。

（2014年6月10日 于穗）

法官老蒋　换了马甲

一纸告白，@法官老蒋 辞职了。

两年前开始玩微博。玩微博半年后，与@法官老蒋互粉，那时法官老蒋已是坐拥数万粉丝的大V，而我只是微博界的菜鸟。再半年，与法官老蒋小酌微熏、把酒言笑，谈到了人生理想，谈到了职业路径。又半年，法官老蒋脱下了法袍，准备换上律师袍；此时的法官老蒋依然是V，而我依然是菜鸟。

法官老蒋其实是八零后，并不老。以世界职业法官任职通例，甚至有些嫩。依我国相关规定，年满二十三岁就可以任职法官，法官老蒋有了多年的审判经验，已经在中级人民法院任职副庭长，与奋战在中基层法院审判执行一线的苦逼青年比，法官老蒋勉强可以摆个资历称个老。

我并不诧异法官老蒋转身离去，只留下一个背影。无论是网络的交流还是现实的交集，我能够明显感知到法官老蒋是一个追梦的人，总在不停地奔跑。法官老蒋本科非法，已然是非典型法律人。与毕业就从事法律工作的法科学生不同，法官老蒋的第一份工并不是法律而是教师。因为传说中的法治，法官老蒋换了一次马甲，从非法到法，从师门到法门，经过激烈的竞争挤进了湛江市中级人民法院。

书记员、助审员、审判员、副庭长，法官老蒋遵循着通常的晋升路径。不知情的只看到法院在江湖威名赫赫的外表，识味的方知法官职业前景暗淡，发展空间狭窄，责任风险与待遇福利不相匹配，职业保障、身份保障、风险保障缺失，科员退休的法官比比皆是。法官老蒋其实是幸运的，三十刚出头就是副庭长。与可能就地卧倒从助理审判员变成审判员助理的同龄人比，法官老蒋并不在意司法改革的冲击，相反司法改革对于法官老蒋来说本是利好。毕竟，在过去十年的长跑中，法官老蒋跑到了前面，而赢者通吃是通例。稳定的岗位、大好的前程，法官老蒋本不必离开。

或许是浸润网络接触太多的资讯，或许是眼光不局限于案牍，或许是仍有梦想要追逐。思考并不总是令人愉悦，纠结之后终究要选择。职业的瓶颈悄然到来，行政化、地方化、政治化的生存状态短期难以彻底改观，面对看得到的未来，法官老蒋决定到外面去到更广阔的天地去，怀揣着初心，追逐着追逐，听从梦的呼唤。

@法官老蒋者，广东省湛江市中级人民法院行政庭副庭长蒋阳兵也。

（2014年9月4日 于穗）

快慢之间　锋刀自现

——评内蒙呼格吉勒图案再审

11月20日上午，内蒙古自治区高级人民法院向呼格吉勒图父母送达立案再审通知书，认为“原审据以定罪量刑的证据不确实、不充分”。备受关注的呼格吉勒图案进入再审程序。同日，内蒙古高级人民法院新闻发言人答记者称，此案在复查期间，没有遇到阻力和障碍。

1996年，十八岁的呼格吉勒图被认定在呼和浩特市第一毛纺厂宿舍大院57栋西侧公共厕所内奸杀一名女子，六十二天后呼格吉勒图被执行死刑。2005年，身负多起命案的赵志红落网，自称其才是该案的真凶。2006年11月28日，赵志红案开庭，但因关系到呼格吉勒图案，此案休庭，搁置已八年，超过法定审结期限未决。

刑事诉讼历来被称为法院的刀把子。从严、从重、从快打击刑事犯罪的1983年、1996年注定将记入中国刑事司法史。

六十二天，侦查、起诉、一审、二审、复核审，程序走完；六十二天，验明正身押赴刑场；六十二天，十八岁的年轻生命魂飞魄散。此刀何其快也！

死后十八年，呼格吉勒图案是铁案、疑案、冤案，未知；羁押九年，赵志红案一审未决；申诉九年，呼格吉勒图父母和委托律师未能查阅卷宗。此刀何其钝也！

死立决、可能冤杀、特殊历史时期、时间鲜明对比，呼格吉勒图案把中国刑事立法、司法存在的问题演绎到了极致。

铸造冤案易。通过新闻报道，呼格吉勒图案几乎仅以口供定案，欠缺关键物证，警方涉嫌刑讯逼供、变相逼供、非法取证、暴力取证，侦查行为不但缺乏有效的司法控制，相反公、检、法流水作业一条龙服务，侦查、起诉、审判前后接力、互相配合、互相补充。

昭雪冤狱难。没有遇到阻力和障碍的情况下，推动再审用了九年，赵志红案搁置了九年。人头已落地，责任谁也承担不起，以时间换空间，能拖一天算一天，万一公众不再关注，梦想实现了呢。

呼格吉勒图案再审尚未终结，结论不得而知。复查九年后决定再审，结合法院慎重态度，不必等待结论，此案已经可以做出深层次的思考。

重权力、轻权利，不尊重程序，刑罚、司法乃至法律工具主义的立法指导思想和司法理念下，一系列制度设计被虚置。诉讼程序被简单视为办案手册甚至弱化、虚化。人权保障仅是原则口号，缺少可操作性。对政策、形势的考量超出了法律。无罪推定、沉默权、非法证据排除、上诉不加刑等现代刑事诉讼的一系列制度设计在理论上难以被接受，在立法中难以被确立，在实践中难以被执行。国家本位、权力本位、义务本位理念盛行，渗透于制度，外化于实践。犯罪嫌疑人、被告人、辩护律师、被害人、代理律师或者权利缺失或者权利保障不足。法官倾向于接受侦查终结意见和起诉意见，对被告人有强烈的有罪预断和偏见，倾向于追诉犯罪，倾向于重判，倾向于避免被告人逃脱法网。被告人在侦查、起诉阶段拒不认罪，不但不会引发法官对案件的慎重，相反会成为拒不认罪从重处罚的理由。

上述刑事诉讼立法、司法的一系列内伤遭遇1996年特殊时段，悲剧必然发生。世有定法，国有常典。虽说刑罚世轻世重，终是人治思维。抛弃程序的“严打”，只重效率的“严打”，无视权利的“严打”，必将背离法治的方向。

（2014年11月24日于穗）

以正义之名回望

——评呼格吉勒图再审无罪

被枪决十八年后，呼格吉勒图被宣告无罪，沉冤昭雪。

2014年12月15日上午，内蒙古自治区高级人民法院再审宣判：撤销内蒙古自治区高级人民法院（1996）内刑终字第199号刑事裁定和呼和浩特市中级人民法院（1996）呼刑初字第37号刑事判决。原审被告人呼格吉勒图无罪。此前，11月20日上午，内蒙古自治区高级人民法院向呼格吉勒图父母送达立案再审通知书，认为“原审据以定罪量刑的证据不确实、不充分”。备受关注的呼格吉勒图案进入再审程序。

1996年，全国范围内的第二次“严打”。十八岁的呼格吉勒图被认定在呼和浩特市第一毛纺厂宿舍大院五十七栋西侧公共厕所内奸杀一名女子，六十二天后呼格吉勒图被执行死刑。2005年，身负多起命案的赵志红落网，自称其才是该案的真凶。2006年11月28日，赵志红案开庭，但因关系到呼格吉勒图案，此案休庭搁置。

全国“严打”，六十二天即被枪决。时隔十八年，申诉九年，终于认定冤杀。几乎仅以口供定案，欠缺关键物证，警方涉嫌刑讯逼供、变相逼供、非法取证、暴力取证，辩护权缺失，控、辩、审三角关系异化成公、检、法流水作业。呼格吉勒图案把中国刑事立法、司法存在的问题演绎到了极致。

在法治国家中，公民权利是国家权力的来源。个人不再仅仅是国家实现社会政策的工具，国家权力本身也必须受到公民社会以及相对中立的司法机关的监督和制约。刑事诉讼在实现打击犯罪的社会控制功能的同时，也被赋予了限制国家权力，保障公民权利的功能，直接体现公民权利与国家公权力的对抗，且在力量对比悬殊的情况下进行。控方拥有强大的政权力量，可以使用一切必要的强制措施和侦查手段，公民权利极易因国家权力的不正当行使而遭受侵害。以社会控制为最高目标的刑事诉讼制度已不能满足形势和需要。正义、理性的程序应当是我国刑事诉讼程序的目标定位。

治国六十余年，改革开放三十余年，经济、政治、社会的发展进步，已经使得公民个人主体地位和基本权利得到宪法和法律的承认与认可，也具备现实的物质基础。处于复杂多样化的社会关系中的个体，基于对自身合法权利的维护以及对未来的稳定预期，对社会最后一道防线和正义守护者的刑事诉讼寄予了更高的期望。

正义是刑事司法的首要价值。司法权运作的全部出发点和归属应当体现民众的意愿，服务于社会大众，既不能为片面追求司法权威而将社会公众拒之门外，也不能过于追求效率而视程序于不顾，更不能“三长”会商流水作业成为行政化治罪工具。构筑以审判为中心的控辩对立、审判中立的刑事诉讼结构，确立法院对刑事侦查的司法审查权，强化辩护权，才能从根本上减少杜绝冤案，才能告慰呼格吉勒图的冤魂。

刑事诉讼法是小宪法，以正义之名回望，尚飨。

以正义之名

回望

十八岁的青春

魄散

一缕冤魂

谁叹

十八年的等候

沧桑

时光带不走

悲凉

以正义之名

回望

以正义之名

回望

春花拒绝

绽放

秋叶悄然

枯黄

夏夜寂静

无光

冬雪洒落

心上

以正义之名

回望

（2014年12月15日于穗）

法曹在野

一位北京的好友，前警官现律师发起北京从公检法辞职的律师聚会，邀请我前往。聚会的主题是交流从公检法转身进入律师行业前后的心路历程：为什么辞职？后悔吗？怀念过往吗？这些年过得好吗？如能再次选择愿意回归吗？……参加聚会的人员很特定：曾经是法官、检察官、警官，从公检法辞职或退休的执业律师，或者正在观望准备辞职的准律师。

我是胆小而低调的人，对于这样人员太特定、主题太鲜明的聚会，虽有些小企盼，在前东家第三次坚守主题教育的背景下，容易被误判。作为价格敏感型无业游民，盘算下机票和住宿，微微有些心颤。人生达到我这样的高度和境界，从来不去思考钱的问题，经常琢磨没钱的问题。两个因素叠加，理智终于战胜了冲动，告知好友不能前往现场。

法律是依靠知识技能混饭的小众职业，何况哪山的鸟在哪山叫。辞职的公检法人员少数跨界离开法律职业，大多数继续留在法界，从事律师或法务工作。人是情感的动物，人也是聚居的动物。都是从公检法离职，都从事着律师业务，共同的职业道路，共同的职业经历，共同的职业积累，自然形成了共同的职业情感。基于共同的职业情感，共通的话题有一箩筐，彼此有些亲近，彼此愿意交往，相知相聚，人之常情，无可非议。草野法匠有个小圈子，“朝廷”也管不着。然而，小爱不如大爱，小圈不如大圈。放到法治共同体的大圈里，念想法治大爱的初心，曾经是法官、检察官、警官的我们能够为法治共同体这个大圈子做些什么？

近年来，多元社会结构下的多元利益诉求、多元权利表达撕裂着社会。学界、公、检、法、律师各持立场，未能形成法治共同体，且分裂越演越烈。法治精神、法治思维、法治方法在各自群体各说各话，难以在法治语境内相互交集。我们曾经在体制内充分体验到职业前景暗淡，发展空间狭窄，责任风险与待遇福利不相匹配，职业保障、身份保障、风险保障缺失。出于各种原因我们离去了，但仍有众多的前同事在坚守，多一份理解与宽容，少一分指责与妄测，尊重他们就是尊重曾经的自己。我们在体制外充分感受到司法环境的不如意和律界江湖的累，有太多的叹息甚至于多次想放弃。身为法律人，法界也好跨界也罢，理性、客观、平和、谦抑的法律精神深入我们的骨髓，法律职业的思维模式行为方式积淀在我们的血液里。与其自怨自艾、妄自菲薄，不如尊重专业、尊重别的律师、尊重自己，用职业素养得到体制内外的认同。尊重与相互尊重，请从我们始。用我们体制内外的阅历搭建起体制内外尊重与相互尊重的桥梁。

法曹在野，砥砺前行。

（2015年2月6日于穗）

法院，有人动你的奶酪

就在情人节前一天，北京某律师事务所向公检法已经离职、准备离职的人员奉上了玫瑰花，广告高薪招聘公检法辞职的律师，称您敢辞职我敢聘，并按基层人民法院、中级人民法院、高级人民法院、最高人民法院开出了十五万至三十万元的起薪。

客观地说，我觉得在房贵、米贵、居之不易的帝都，这样的薪酬不具有吸引力。然而仅仅一天多时间，这则微信广告阅读量近五万，问询过千，收到求职简历数百份，其中法院法官投递的简历超三分之二。甚至于有资本投资人与该所商谈，如果此广告能在一周内达到十万次阅读量，将在全国各省会城市和计划单列市开分所，只招聘政法辞职人员，薪酬按最低年薪标准执行，外加业绩考核资金。

在我意料之中的是投递简历的以法院居多，出乎我意料的是居然有这么大的阅读量、问询量、简历投递量。在主流媒体大赞司法改革稳中有进、凯歌高奏中，在最高人民法院奋力疾呼坚信司法改革必然成功，几个月来密集进行法院干警“坚守”主题教育的大背景下，在员额制强力推进，内部展开割喉之战时，一些律所已经悄悄地抢夺法检熟练工人，北京的这家律所则公然动法院的奶酪。很显然，这则广告击中了法院的痛点。人心思动，怎敌他公然乱动。

几日前最高人民法院某位大神羽扇纶巾大谈特谈律师当法官的六大好处，律师界波澜不惊，没听说谁向政治部递个投名状。北京这家律所高喊："你玩你的员额制，我抢我的熟练工。"轻易就捕捉到眼球。职业前景不明，发展空间受阻，责任风险与待遇福利不相匹配，职业保障、身份保障、风险保障缺失，尊严你不给我，编制你不给我，职级你不给我，待遇你不给我，加班费一百元你也不给我，那就别怨我长了脚。

司法本应是高大上的高端产业，法官本应是法律专业人士中知识最广博、实践经验最丰富、专业能力最强、道德品行最高的群体。长期用穷矮矬的屌丝产业投入既不能吸引外部的优秀法律人才，也不能合理分配内部人才。动一动也好，或许能动出个市场价格，或许能动出个双向交流，或许能动出个法律职业共同体。

（2015年2月15日 于穗）

正义渐行渐近

——评聂树斌案申诉进展

2015年3月17日，备受关注的河北聂树斌案申诉律师前往山东省高级人民法院阅卷，并被允许拍摄和复印该案及有关的王书金案全部原始案卷材料，包括聂树斌案侦查卷一本，聂树斌中级人民法院一审卷、高级人民法院二审卷各一本，以及王书金侦查卷五本、王书金一审卷一本、二审卷两本，另有河北省高级人民法院、河北省公安厅复查等六本相关卷宗，总计十七本。阅卷范围之广甚至超出律师的预期。

1995年因被认定强奸并杀害康某某，聂树斌被执行枪决。2005年1月河南荥阳警方抓获通缉犯王书金。王书金供述曾多次强奸杀人，其中一起即康某某受害案。同年3月中国青年报、新京报等十余家媒体披露了王书金案。同年3月17日河北公安厅表示将组织专门力量调查复核。2007年3月河北邯郸市中级人民法院一审判决未认定王书金强奸杀害康某某。2013年9月河北省高级人民法院裁定王书金案并非聂树斌所涉康某某案的真凶。此案仍在最高人民法院死刑复核审理中。

侦查、一审、二审、复核审，王书金一直稳定供述其是真凶。聂树斌家属一直奔走于各政法部门申诉上访。

从聂树斌被执行死刑至今已经二十年，从王书金自认真凶至今长达十年，从王书金一审判处死刑至今也已八年。聂树斌、王书金，一生一魂，两个名字纠缠着。聂树斌的家人和公众有理由要求知道，谁是真凶，正义何在？

王书金案自归案到二审庭审一直上演着错位的高潮。侦查、一审、二审，王书金坚称自己就是杀害康某某的真凶，凛然：向我开炮。控方则坚持认为此案并非王书金所为，出庭检察官莞尔：别闹，你不是目标。辩护律师担当了指控的角色，出庭检察官则猛烈驳斥：辩方对王书金控罪证据不足，检方认为王书金不是“真凶”。控辩乾坤大挪移掀起二审庭审的小高潮，移魂大法演绎现代版拍案惊奇。

聂树斌是否冤杀与王书金能否定案不是非此即彼的关系，也不是前提结论的关系。即便不能认定王书金是杀害康某某的真凶，并不能必然推定出聂树斌就是真凶，能否定案仍需要坚实的证据基础。聂树斌案是冤案、疑案还是铁案，仍需给公众以交代。有网友早已提出此案应由最高人民法院提审，或由最高人民法院指定外省管辖，2014年12月最高人民法院决定指定山东省高级人民法院复查聂树斌案。

从浙江萧山张正平、张辉案，河南平顶山李怀亮案，福建福清吴昌龙案宣告无罪，到最高人民法院沈德咏大法官要求切实防范冤假错案，再到内蒙呼格吉勒图案昭雪，聂树斌案异地复查，向律师开放卷宗，最高人民法院已经传递出回归司法规律、坚守司法底线的明确信号。在刚刚闭幕的两会上，代表委员们对最高人民法院的各项工作点赞，其间力纠冤错案为最高人民法院加分不少。

人民的福祉是最高的法律。民之所欲，法之所系。聂树斌案到底是铁案、疑案还是冤案，仍需追问、仍需交代、仍有意义。如果聂确实被冤杀，更需要勇气证实司法对错案的担当，法律对权利的护卫，公权对生命的尊重。一等十年，一晃十年，期待聂树斌案早揭谜团，期待回归司法规律坚守司法底线成为新常态，期待司法公正给予民众对法律确定无疑的信赖。

正义渐行渐近。

（2015年3月17日于穗）

法眼观史

当斑驳遭遇峻冷

——法眼观史总论

法官眼中的历史是什么样的

工作中的法官，学习把握枯燥的法律条文，核实质对细琐的证据材料，琢磨推敲味同嚼蜡的诉讼文书，应付处理繁杂无趣的日常事务。眼光游离于事实、证据、法律之间，冷竣的逻辑掩盖了深沉的悲悯，客观的分析替代了狂热的感性。冷静、冷酷、冷漠似乎是法官的代名词。其实法官传承社会文明，继受法律文化，承载主流社会的主流价值观，法官的胸怀，怎是事实、证据、法律六字可等同！

职责中的法官，在诉讼中于个案内，辞听两造，静观互搏，辨事析理，决断是非，剖分善恶，寻求利益、权利、价值的平衡。立案、审判、执行似乎是法官智识的全部。其实法官明习法令，练达世事，长于思辨，精于推论，法官的智识哪是刑事、民事、行政三讼可概括。

法律公文，体例有既定，格式有规程，行文有准则，法官发挥余地小，展露舞台少，裁判文书似乎了无生趣。其实法官刀笔历练，言词修达，法官的笔触，又岂是平淡端正可形容。

观而后论是法官之长

有友人问：“何不论时政？”初以为然，拟论时政之失，评时政之弊，作《法眼评弹》。深思，不可。

热点变换、焦点转移，事理难辨，真相难求，文迫于事，论限于时，把操弄文字的美事变成追随应付之苦差。左中右立场各异，官商民利益冲突，法政媒权利抵触。或鸡同鸭讲，颇费口舌，或各自解读，曲解本意。官样腐文，阅之欲呕，谄政朽言，听之想吐。站队献礼，转向表心，擦鞋擦屁股，思之即惭。再，动人奶酪，夺人蛋糕，断人财路，徒惹争斗；脱人马甲，揭人面纱，徒添怨仇。况，新浪有秘书，警队有网管，和谐斗殴，文明骂街，优雅爆粗，不爽；隐于林中，藏于树后，露半抹酥胸，虽略有情趣，亦不大爽。且，性情非大平和，心镜非真空明，屠龙刀锋不敢轻试，倚天剑虹岂愿贱售？

论史则无前弊。说说前朝往事，聊聊风月诗词，谈谈道学佛理，不品生人，不评现事，与身份无关，与职责无涉。溢美苛责，毁誉辩驳，喜怒由我，笑骂由我。民众乐闻，官府不禁，无烦扰事，无后顾忧。

性情粗疏懒散，无组织无纪律，无计划无安排。性之所至，思之所及，随想随写随发。文无定理，破空而起，耸然而止，胆气运其中，智识贯其间，泼洒真性情，卖弄小聪明，不图奇，不求正。至于无用之用，不法之法，既非才力之可及，亦非众人之易解。

以朝归卷，以代分类。正史、野史、秘史、艳史，有趣则采；横观、竖观、远观、近观，角度不限。不通金石，不识器物，故先秦不议；一中各表，两岸分治，官史未编修，文档未解封，故民国不论。

两点声明

文不喜平，论最忌庸。为引眼球，为博喝彩，免不了有怪诞语、吊诡语、危耸语、惊人语、愤世语、穿越语，但，绝无影射、讽喻当代之意。

职责内，正义守护神一枚；体制中，苦逼屌丝男一个。所有文稿均出我手，不占用公务时间，不损耗公共资源，不代表官方立场，文责我负，版权在我。

尘世的风沙在身后凝聚，历史的长河在眼前奔流。当斑驳的历史遭遇竣冷的法眼，将演绎怎样的一段文字？

“我”的历史

——三读《资治通鉴》

二十岁、三十岁、四十岁，三读《资治通鉴》。

二十岁，学生一枚，风华正茂。没有过去，只有未来；没有积累，只有前景；没有阅历，只有梦想。激情胜过理性，热血掩盖逻辑，臣服于雄性荷尔蒙的双眼看不到历史的沧桑。韩赵魏三家分晋、商鞅变法、荆柯刺秦王、鸿门宴、武帝开疆、光武中兴、黄巾起事、赤壁大战、五胡乱华、玄武门兵变……一个个精彩的故事。秦皇、刘邦、汉武、项羽、周瑜、诸葛亮、房玄龄、魏征……一张张鲜活的面孔。《谏逐客疏》《过秦论》《论贵粟疏》《前后出师表》《陈情表》……一篇篇飞扬的文字。二十岁的《资治通鉴》是传奇、是典故、是文学，是“犯我强汉，虽远必诛”的心颤，是“时也、运也、命也”的慨叹。

三十岁，近十年刀笔历练。眼，不再清澈；心，不再青涩。日复一日的案牍劳形，事情似乎永远干不完。弄了个小小的县议员，开始思考民生，开始关注体制。秦汉郡县、魏晋南北朝门阀、隋唐三省六部……制度的变迁进入视野。《法经》《九章律》《唐律》《唐六典》，律、令、格、式、敕、诰、命、制……硬着头皮看枯燥乏味的典章。秦焚书坑儒、汉独尊儒术、魏晋玄学空谈、南北朝佛门独大、唐三教合流……文化的激荡给了我思想的火花。三十岁的《资治通鉴》是典章、是权谋，是国家盛衰、民族兴亡，是帝王将相的舞台，是征战杀伐的所在，是治乱成败的范本。

四十岁，揽镜自观，发白影瘦，老了容颜误了风月。洒脱如我，居然当了二十年刀笔俗吏，真心佩服自己。制度变迁的利益博弈，治乱更迭的因果逻辑，权贵血统从红到蓝到白直到乌黑，知识精英的无奈与无耻，社会生物链底层的呐喊与抗争……处处以正统自居、以正统自持的司马光不曾想到，如刀的文字力透纸背。每一个生命都值得尊重，每一份情感都值得珍惜，每一个灵魂都值得敬畏，每一个文明都值得解析……强力绞肉机的斑斑血迹让人叹息，速效洗脑丸的残留毒素止不住灵魂奔跑的脚步。四十岁的《资治通鉴》是根、是魂、是人性、是文明、是华夏祖传染色体。

书还是那本书，看与不看，总在那里。书虽是同一本书，不同时期不同境遇的“我”却有不同的感悟。历史从来是今天的历史、今人的历史、“我”的历史。“鉴前世之兴衰，考当今之得失”，鉴的是“我”，考的是“我”。历史的构建、历史的解读从来离不开“我”，离不开“我”的阅历、“我”的情感、“我”的倾注。历史给予“我”思想的载体，“我”用灵性照亮历史的陈迹。记载一千三百六十二年历史的《资治通鉴》如此，记载五千年华夏的煌煌二十四史亦如此。

今世的沙土必定蕴藏历史的尘埃，今世的风雨终将成为历史的陈迹，今世的繁华终将化为过眼的烟云。文明的灯塔照亮我们的来路，人性的光辉引领我们前行。

秦何以堪

——法眼观史之秦论

读秦史，总觉胸有块垒

没有人质疑秦的伟大。灭六国，统中华，筑长城击匈奴，下南粤收百越，建帝制、倡皇权、废分封、设郡县，统一度量衡，统一文字货币。秦所做的上述任何一件事都足以永留青史。

自襄公受周天子封国，到孝公用商鞅变法会盟中原，至始皇一统华夏，历数百年千余战，秦兴之艰难历代罕见。自始皇泰山登顶封禅至刘邦入关约法三章，秦帝国仅传二世历十余年，秦亡之突然亦历代少有。秦之兴亡镜于后世鉴于史实，评论之多，论述之深，不必多言，择其要而言只四不堪也。

政不堪暴

皇权至上，皇帝独尊，皇位终身及世袭的中央集权君主政权，皇帝作为权力的核心，掌控了一切社会资源，极易形成暴政。秦耕战立国，全国民众皆充兵役，名曰“黔首”，以军功劝赏，于七国争雄时自有优势。但国家统一后却需文治。秦未能及时调整治国方略，以暴力兴以暴力治，仍恣意役使民众，下五岭、筑长城、建阿房、修驰道皆为苦役。胡亥在李斯、赵高帮助下夺取皇位后，诛杀诸公子及故旧老臣，为一己之享乐，兵役、徭役有增无减，政治暴虐。

法不堪竣

秦法网严密、罪名繁杂、刑罚残酷。以刑为主，轻罪重罚，重在打击犯罪。死刑除斩、绞外，还有投水、活埋、炸油锅、五马分尸、钻凿头颅、抽筋拔骨等。刺字、割鼻、斩脚、宫刑、笞刑等肉刑被广泛使用。城旦舂、鬼薪、白粲边服刑边劳役的徒刑、迁徙流放不得回归故土。鼓励告奸，动辄连坐诛族，以致刑狱遍天下，其间不乏错案冤狱。

民不堪命

中华历春秋战国数百年割据征战，民生凋零。秦统一后，本应与民休息、发展经济生聚人口。秦统治者却为一己之享乐，大兴土木，轻用民力。在统一六国过程中，绘制六国宫殿图样，动用大批劳力在咸阳照样修建。统一后又修建信宫和甘泉前殿，在渭南上林苑建筑规模宏大的阿房宫。秦始皇为阴世永享权势建造骊山陵。据统计，秦人口约二千万，建造骊山陵动用刑徒及奴隶七十万，防备匈奴三十万，戍守五岭五十万，另加修驰道、搞运输，全国服役近二百万。大量劳力脱离生产，负担沉重，加速农民破产，使社会经济遭到严重的破坏，超出了人民承受的底线。天下苦秦久矣，陈胜吴广起，天下风从云应。

文不堪轻

秦只知刀剑之功、弓矢之利，收缴民间铁器，却不知世间威力最大、兵器谱排名第一的杀器乃是人心。秦以暴力兴，亦以暴力治，只知法统，不识道统，不屑于采购强力洗脑剂，更不懂抢占道德高地，尤其要命的是把儒侠排斥于体制外。没有政治智慧的韩非认为，“儒以文乱法，侠以武犯禁”。欲图永执权柄的李斯则直接焚书坑儒、止斗禁武。国家既已统一，四海皆为臣民，自当团结一切可以团结的人。舞文弄墨的儒者，稍加赏劝，可当吹鼓手。玩枪耍棒的侠者，略事约束，可充联防队。学霸封为院士，流氓纳入体制，怎可轻易推到政权的对立面。识字不多的陈胜说：“王侯将相，宁有种乎”；不善思辨的吴广说：“弟兄们，操家伙，上”；没洗过脑的刘邦说：“大丈夫当如此”；没喝过心灵鸡汤的项羽说：“彼可取而代也”。眼中、心中何尝有皇权至上！

秋夜风寒，霜重露凝。一桌一椅一灯一影一叹息。残月昏黄，再不见这个伟大王朝的昔日辉煌；掩卷长叹，为那些乱世浮萍的渺小魂灵。

乱曰：政不堪暴，法不堪竣，民不堪命，文不堪轻。

不堪卒读，不堪落笔。情已不堪，秦何以堪？

权利如春药

自夏启搞出世袭坏了禅让，皇权王权世袭之后，血统决定了最高权力的承继。对于不具有蓝色血统的小人物而言，沿着官僚体系攀爬，到达官僚体系的顶峰——一人之下、万人之上，就成了最大的政治理想和最高的人生境界。

春秋战国诸侯纷争，不唯君择臣，臣亦择君。儒、道、墨、法、兵、纵横、阴阳、刑名，稍微有点学识与抱负的士人周游列国，抓住一切机会推销展示自己的学识才干，试图在体制内混个一官半职。

战国末年楚国上蔡人李斯，早年为刀笔小吏。“见吏舍厕中，鼠食不洁，近人犬，数惊恐之。观仓中鼠，食积粟，居大庑之下，不见人犬之忧。”感叹：“人之贤不肖譬如鼠矣，在所自处耳！”为了能够如仓中鼠饱食而无忧，李斯辞去小吏，到齐国求学，拜荀卿为师，从荀子学帝王之术。毕业后李斯选择到国力冉冉上升的秦国去碰运气。

李斯到了秦国，以杰出的政治远见和卓越的管理才能，很快就得到秦相吕不韦的器重，当上了小官，进入了秦的官僚体系，有了接近秦王的机会。李斯劝说秦王派人持金玉去各国收买、贿赂、离间六国的君臣，收到了效果，被封为客卿。后劝说秦王嬴政灭诸侯、成帝业，被任为长史，后又官至廷尉。伴随着秦国的统一大业，李斯的事业达到了顶峰。秦灭六国实现国家统一后，李斯被任为丞相，成为中国封建王朝的第一个丞相，主导了建帝制，废分封，设郡县，统一文字、货币、度量衡，修驰道，车同轨等一系列中国历史上最伟大的顶层设计和实践探索。

公元前210年，秦始皇第五次巡行，得了重病，死于沙丘。李斯怕引起内乱，每日照常令人送水送饭，不让外人知道死讯。依例皇位本应由长子扶苏继位。扶苏思想倾向于儒家，不同意秦始皇的焚书坑儒，政见与李斯不同。这时，少子胡亥的老师赵高，为执掌大权，极力想让胡亥称帝，想方设法争取拉拢李斯。为保住权势，李斯与赵高合谋，伪造遗诏，迫令扶苏自杀，立胡亥为二世皇帝。两年后，李斯为赵高所忌，在政治斗争中，赵高炮制了谋反罪名，李斯被腰斩于咸阳闹市，并夷三族。临刑前，李斯顾谓其子曰："吾欲与若复牵黄犬俱出上蔡东门逐狡兔，岂可得乎！"遂父子相哭。

"诟莫大于卑贱，悲莫甚于贫穷"。沿着权力之路奔跑，李斯的权势如日中天。物忌太盛、盛极而衰，仓中鼠虽饱食亦有忧。以李斯的学识不可能不懂其间的道理。在权力争斗中，官位亨通、权势薰天的李斯贪恋权位，没能激流勇退，终于死于权下。

由秦至清，皇权之下，玩法死、弄权死、贪腐死、党争死、站队死、莫须有死、功高震主死、非所宜言死、拦手绊脚死、鼓掌不热烈死。位极人臣而不得善终的，何止李斯！

乱曰：帝王术，纵横谋，功名如蕉人如猴，一生；

菜市口，刽子手，午时三刻魂魄走，负分。

伤不起的皇二代

近年，二代横行。官二代、富二代、军二代、权二代、星二代、红二代，轮番上场竞相表演，好不热闹。

世代更替，自然规律；人际代谢，亘古之常。或血统，或爵禄，或官阶，或财富，或职业，或技艺，二代之由，古已有之，中外皆然。考之史册，察之文献，二代之中最牛逼的莫过于皇二代。

公元前221年，泰山之巅，秦始皇嬴政向天地山川日月神灵发表了脍炙人口的演讲“朕有一个梦想”：“六国扫灭，九州归一，天下属朕。朕为始皇，代代相因，世世相袭，传之子孙，二世三世直至万世，江山永固，皇位永享。”秦始皇还在传国玉玺上刻下“受命于天，既寿永昌”八个字。但他怎么都没有想到，皇位永享只是春秋大梦，秦帝国二世而亡。

与秦帝国相似的还有隋帝国。隋文帝杨坚为隋朝大业，呕心沥血，是出了名的工作狂。五加二、白加黑，实干苦干加巧干，终于奠定了个人的历史地位。杨坚目睹王朝更迭，深知皇二代对革命事业的重要性，在选择革命接班人的问题上费尽心机，长期观察几番考验，皇位还是落入伪君子杨广之手。杨广没能折腾多久，就把大隋花花世界玩完。

晋惠帝时，全球气候变暖，连年大旱，国家粮食储备局请示，老百姓没有饭吃，是否需发放救济粮。晋惠帝反问：“没有饭吃，为什么不吃猪肉。”不明了猪肉价格是皇二代们普遍存在的硬伤。

有后人评说秦、隋二世而亡的教训，认为皇二代生于深宫之内，长于妇人之手，不知民间疾苦，不解社情民意，关键时刻当然无法得到足够的选票。当出现强有力的对手时，皇二代们至死不明白“为什么受伤的总是我”。阶层固化，身份凝滞，上行路径封闭，下流通道洞开。民情汹汹，难达天听；民意涌涌，不入君耳。大厦倾危，非人力可扶；狂澜既倒，非人力可挽。皇二代们至死仍困惑“铁打的江山怎么如豆腐般脆弱？”

比权势，拼关系，论人脉，较实力，在皇二代面前，什么二代都是浮云。皇二代都伤不起，何况其他？

且不必评说长则二三百年，短则四五十载的王朝更迭；也不必感怀“旧时王侯堂前燕，飞入寻常百姓家”。老百姓的一名老话，“千年的土地八百个主”包含多少哲理与故事，值得各色二代们细细品味。

秦汉之际　伤心之地

作为自觉的生命个体，人，注定是悲情的存在。

无法掌控的命运，难以捉摸的世事，不可触摸的情感，永无止境的欲望……生的寂寞，死的恐惧；生之前是无边的暗黑，死之后是无际的黑暗……无论是自己的经历还是他人的际遇，美人迟暮，英雄末路，总让人嘘唏。

项羽，原是楚国将门之后。秦灭楚，项羽随叔父项梁亡命天涯。年少时，学书不成，学剑又不成。项梁大怒。项羽说："书足以记姓名而已，剑，一人敌。学万人敌。"习学兵法，略知其意，又不竞。年青时便志向远大。一次秦始皇出巡渡钱塘江，但见车马仪仗威风凛凛。项羽脱口而出："彼可取而代也。"把项梁吓个半死。陈胜、吴广起事，二十四岁的项羽在会稽郡斩杀郡守率八千吴中弟子举兵反秦。巨鹿之战，项羽"悉引兵渡河，皆沉船，破釜甑，烧庐舍，持三日粮，以示士卒必死，无一还心"，破釜沉舟大破秦军。项羽消灭了秦军主力后，即率诸侯军向关中挺进，进入咸阳后，屠戮咸阳，杀秦王子婴，秦亡。项羽自立为西楚霸王，主持分猪肉，册封十八路诸侯。灭秦的另一主角刘邦被封在偏远的汉中巴蜀之地，另有几路诸侯也认为分配不公。刘邦出兵定三秦，东向伐楚。而此时，项羽正在东边平定齐国之乱，后方空虚。刘邦直逼彭城，项羽以诸将率领大军继续平定齐国，作为迷惑刘邦的手段。自己亲领三万精兵绕道彭城后方偷袭，长途奔波，断敌后路，攻其不备，几乎尽灭刘邦军。以鸿沟为界，长达四年的楚汉争霸，胜利的天平逐渐向刘邦倾斜。最后的决战发生于垓下。汉五路大军，近六十万众，从西、北、西南、东北于垓下对项羽四面合围。四面楚歌声中，项羽哭别虞姬，感慨吟唱："力拔山兮气盖世，时不利兮骓不逝。骓不逝兮可奈何，虞兮虞兮奈若何！"虞姬和道："汉兵已略地，四面楚歌声，大王意气尽，贱妾何聊生！"战败的项羽自觉无面目见江东父老，乌江自刎而死，时年仅三十岁。一代西楚霸王，结束了辉煌壮烈的一生！

失败的英雄项羽并未称帝立国，司马迁却按帝王对待，将其列入本纪："大政皆由羽出，号称西楚霸王，权同皇帝。位虽不终，近古以来未尝有也。"项羽悲情的一生，给了墨客骚人无限的遐想，留下了众多诗篇。唐杜牧《题乌江亭》："胜败兵家事不期，包羞忍耻是男儿。江东子弟多才俊，卷土重来未可知。"唐胡曾《乌江》："争帝图王势已倾，八千兵散楚歌声。乌江不是无船渡，耻向东吴再起兵。"宋王安石《叠乌江亭》："百战疲劳壮士哀，中原一败势难回。江东弟子今犹在，肯为君王卷土来？"宋李清照《夏日绝句》："生当作人杰，死亦为鬼雄。至今思项羽，不肯过江东。"清蒲松龄励志鸡汤："有志者，事竟成，破釜沉舟，百二秦关终属楚。苦心人，天不负，卧薪尝胆，三千越甲可吞吴！"笔者看了太多王朝更迭后也忍不住感叹："百年功名易手，万里河山重铸。长城燕山等闲度，投鞭入水阻江流。遥记中原逐鹿，敢问谁为霸主？莫道难寻霸王墓，衰草斜阳无数。”

即便是成功者刘邦，在内心深处，何尝没有深深的哀婉。项羽死，刘邦为其发哀，泣之而去。当了皇帝的刘邦还乡，置酒沛宫，酒酣，击筑，自为歌诗曰：“大风起兮云飞扬，威加海内兮归故乡，安得猛士兮守四方！”起舞，慷慨伤怀，泣数行下。谓沛父兄曰：“游子悲故乡。朕虽都关中，万岁后魂魄犹乐思沛。”不久，刘邦病死。作为胜者、强者、帝者、成功者的刘邦，因何而慷慨伤怀呢？或许，是感到死神的临近。

太上忘情，太下不及情。人，本是蛋白质碳水化合物的肉体组合，偏偏又有些知性、灵性。在灵魂深处，谁没有自己的秦汉之际，伤心之地？

巍巍我汉

——法眼观史之两汉论

观华夏史，我最爱汉。

汉祚绵绵

风云际会，屌丝上位。秦末，楚汉相争，刘项恶斗。公元前202年刘邦历经艰难登基上位，至公元8年，王莽走上改旗换帜之路，西汉计十二帝二百一十年。公元25年，刘秀拨乱反正重擎汉旗，至公元220年，曹丕代汉，东汉计十二帝，近二百年。两汉总计四百余年，历文景之治、汉武盛世、光武中兴几次治世，在中国封建王朝中皇祚最长。

汉旗飘飘

好品牌免不了被仿造，高端品牌免不了被假冒，顶级品牌更是被反复“山寨”。刘备自认皇室后裔，天府立国，与曹魏抗衡几十年。西晋时，匈奴刘渊尊崇刘禅，以刘禅的继承者自居，在北方窃占一块地盘，国号汉，后来改国号为赵。西晋时李雄在四川称帝，国号汉。五代时，刘知远、刘崇、刘隐称帝都打汉旗。北魏侯景先叛魏降梁，后叛梁作乱，称帝短短几月。更“山寨”的是，侯景自封宇宙大将军。元末，两把菜刀闹革命的陈友谅也称国号为汉。刘渊、刘知远、刘崇、刘隐，虽非汉人，终归是刘姓。李雄、侯景、陈友谅实在太过“山寨”。

汉韵悠悠

汉对华夏历史的影响不言而喻，汉语、汉字、汉文、汉服、汉族，早已有之的民族、语言、文字、服饰都被冠以汉名。当今世界使用者最多的是汉语。世界人口最多的族群是汉族。汉字之美，音、形、义统一，蕴涵丰富，并形成独特的书法艺术。汉乐府、唐诗、宋词、元曲、明清小说、近现代白话文一脉相承，不仅是华夏文明的骄傲，也是世界文化的瑰宝。董仲舒用儒家思想为主要原料而泡制的强力洗脑剂更是远销海内外，成为东亚、东北亚、东南亚的主流价值观。

汉风烈烈

汉处于封建社会的青春躁动期、奋进上升期，思想自信、道路自信、制度自信展现淋漓。卫青、霍去病前出阴山，抗击匈奴，消除北方威胁。张骞、班昭出使西域，打通丝绸之路。收了东南瓯越，平了西南苗瑶。为几匹种马，灭了大宛。“敢犯强汉者，虽远必诛！”廖廖几字，激动了多少后世少年的心。

天下兴亡　关你何事

穷则独善其身，达则兼济天下，家国情怀入世用世，是儒家的基本人生理念。这一人生理念建立在这样的设想基础上：天下人管天下事，天下事天下人管。天下兴亡，匹夫有责。

汉初名臣晁错先学习法家学说后研读儒家经典，学贯儒法。汉文帝时为太子刘启的家令，有辩才，教授刘启“术数”，即治国的方法和策略、权谋，深得刘启的喜爱和信任，誉为“智囊”。汉景帝时任御史大夫，位列三公。

晁错积极总结古代圣王治世和秦朝覆亡的历史经验教训，以政治家深刻的洞察力和匡正时弊的满腔热情，将其视角敏锐地投向事关国计民生、政权安危的一系列重大社会问题。晁错指出，诸侯的封地占天下大半，直接威胁到王朝的统一和朝廷的安危，主张加强中央集权，致力于削减诸侯封地。晁错在政见上本就屡屡触碰既得利益集团，引起嫉恨。而激进的“削藩”主张，不仅动了皇室贵戚的奶酪，更直接切割了皇室贵戚的命根。不愿断腕的权贵更不愿坐等被宫。以吴国刘濞为首的七国诸侯王以“清君侧”为名起兵叛乱。袁盎、窦婴等政敌以晁错执政不当引起叛乱为由威逼景帝诛杀晁错。叛兵势大于外，群臣鼓动于内，景帝绝计牺牲晁错，曰：“吾不爱一人而谢天下”。忠心耿耿为汉家天下操劳的晁错被腰斩。妥协未能换取七国退兵，朝廷经过艰巨的军事手段才平定了叛乱。

晁错触碰既得利益集团强行削藩，把自己和家族放到了非常危险的位置上，其父亲感受到了步步惊心的杀气，急急忙忙地从老家赶到帝都。其父亲说：“你为政用事，侵削诸侯，别疏人骨肉，人口议多怨，何也？”晁错曰：“不如此，天子不尊，宗庙不安。”父曰：“刘氏安矣，而晁氏危矣！吾不忍见祸及吾身。”其父亲自杀没几天，吴楚七国果反。晁错父亲的话翻译成现代汉语，大意就是：“朝廷是刘家的，天下是刘家的。对得起工资就行了，少干些不招人待见的事情。天下兴亡，关你何事。”一心为天下计、不听劝解的晁错终于死于帝王的权术之下。而权术正是晁错教授景帝的主修课程。

武死战，文死谏，为朝廷宗庙、为天下苍生而不顾身家性命，最终却枉死。这样的事例，后人看得多了，也就不再被孔孟忽悠了。在帝王眼中，位高权重的勋旧元老也只是政治斗争的小小棋子，小吏、操什么心啊。专制社会中，权贵贪得无厌、赋税无节、疲尽民力；群臣谄媚求存、骄横放纵；贪官污吏擅作威势、独断专行；各类精英紧跟朝廷的节奏，哪管内心的操守。

不在其位，不谋其政，大家也就都省心了。

三国杀

——法眼观史之三国论

少年时，看《三国演义》，被鲜活的面孔、传神的描述深深吸引，幻想着自己披坚持锐沙场立名，舌战群儒领袖群伦。稍长，知道那是文学作品、艺术加工。

青年时，读《三国志》，手不释卷。短短几十年，挤满了英雄；长长几百页，堆满了故事，事事少有雷同。

人近中年，重拾三国，另有一番感触。

三国无疑是英雄辈出的时代；曹操、刘备、孙权、司马懿、诸葛亮、关羽、张飞、赵云、周瑜、吕布、孙衡……下文一一点评。

三国无疑是精彩绝伦的时代。

黄巾起事，汉失法统。主义之辩、旗帜之辩、道路之辩，从桌下端到了台面。董卓、袁术、袁绍急于当公知领袖，匆忙改旗易帜，均以失败告终。曹操挟天子以令诸侯，把改旗换帜的大事留给理论准备更充足的曹丕。刘备给自己贴上汉室宗亲的标签，紧抓民意基本盘，哭出了风范，哭出了江山。孙权凭借实力死守江东。司马懿四十岁前只围观不评论，四十岁后只许自己发帖不许他人评论，临死前留给司马家族“依葫芦画瓢”几个字，替了曹魏。且容细细道来。

三国无疑是征战杀伐的时代。

丛林社会，实力法则，没有地盘，都是空谈。曹操经营北方，孙权窃据江东，刘备四处鼠窜，好歹弄了个西川。地盘来之不易，汉贼势不两立，兄弟指望进步，事业岂敢停滞。或孙刘共抗曹操，或借吴制蜀，或引魏攻吴，或内部双手互搏，或侵夺周边蛮夷之地。官渡之战，赤壁之战，步战、马战、火战、水战，奇策奇谋，成就的是功业，付出的是生命。

读《三国志》，忆三国事，庆幸自己生于没有英雄也不需要英雄的今世。

乱曰：征战无数，流血无数，杀伐无数，只得三分鼎足，曹刘。

满纸枯骨，满目枯骨，满世枯骨，恰如半秋草木，谁慕？

只做公知　不做领袖

公元210年（汉建安十五年），曹操遭遇了其开博以来最大的信任危机。此前，曹操已经完成统一北方的大业，政权逐渐巩固，继而想统一全国。但是在赤壁，孙权、刘备联手挫败了曹操，几乎导致曹操半身不遂。在意识形态领域，诸葛亮直斥曹操："名为汉相，实为汉贼。"务实的地方实力派孙权也对曹操玩阴的，汉献帝及其身边的投机分子也以为翻盘的机会来了，蠢蠢欲动。

曹操被迫自表心志，表明没有当领袖的意思。

曹操首先表态，最初并没有远大的政治理想和目标，由于得罪了权贵利益集团，害怕遭到打击报复而办了病退。回到家乡，欲秋夏读书，冬春射猎，了此残生。然而树欲静而风不止。黄巾起事，与夏侯、曹氏子弟接受朝廷征召，抗击张角反政府军。

随后曹操回顾了为朝廷效命的经历。董卓、袁术、袁绍先后叛乱。曹操实力本远不及他们，但为朝廷平乱，为人民请命，曹操抛头颅洒热血，百死一生，终于剿灭这些叛徒。刘表拥兵自重，观望成败，朝廷的法度不可乱，曹操奉旨打击刘表军阀势力。至于吕布、张绣，这些小角色不用提。几经征战，朝廷逐渐收复了地盘，基本上恢复了威仪，曹操也被朝廷任命为宰相。宰相职位远远超出了曹操当初的政治理想，他内心深处真心拥护朝廷。

在回应为何不交出军政大权的质疑时，曹操认为公孙瓒在辽东割据；孙权占据江东；刘备假冒皇族，妄想在成都另立中央；马腾、张鲁也与地方黑恶势力勾结，长期把持地方政权。这些不稳定因素，构成对国家安全的巨大威胁，在这种危机时刻，不适宜把军政大权交还给汉献帝，人民不放心，我不放心。

曹操年轻时，就已经有人评价其："天下将乱，非命世之才不能济也，能安之者，其在君乎！"曹操职位未显时，也有人评论："汉室将亡，安天下者，必此人也！"更有人一针见血指出："治世之能臣，乱世之奸雄也。"曹操安抚有些失望的弟兄："如果天命在我，我不妨做周文王。请弟兄们相信曹丕的政治智慧，改旗换帜的大事还是留给理论准备更充分的曹丕吧。"

曹操军政文武均足傲一时、称雄当世。然而，曹操终究不敢触碰历史的局限。不做领袖，是我唯一不佩服曹操之处。

紧抓民意基本盘

时势不同，处世不同。生逢治世，饱读诗书，明习吏事，献计于朝廷，效命于主公。生逢季世，混迹市井，避祸山林，只谈风月情怀，不问风云世事。生逢乱世，持两把菜刀杀出一条血路，颠倒乾坤，再造河山。

政治就是让能够决定自己命运的人关心、拥护、支持自己。东汉末年，由治而乱。刘备少孤，与母贩履织席为业。黄巾起事，刘备追随地方地主民团势力征讨黄巾有功，当上了一个小小的县尉。后投奔公孙瓒，为别部司马，领平原相。曹操征徐州，刘备协助陶谦守徐州，为豫州刺史。徐谦病死，刘备自领徐州。吕布袭破徐州，刘备败走归曹操，为豫州牧。后刘备与人同谋诛杀曹操，未发事觉，刘备逃奔袁绍。曹操攻破袁绍，南击刘备。刘备窜至荆州依附刘表。曹操南征刘表，刘表卒，刘备携荆州民众退到夏口，与孙权结盟，战于赤壁破曹。随后刘备南征武陵、长沙、桂阳、零陵四郡。曹操公遣钟繇向汉中讨张鲁，刘璋迎刘备入川。后刘备借机占了益州，后又得了汉中。曹丕代汉。刘备于是在成都称帝，国号汉。孙权派吕蒙袭击杀害关羽收回荆州。刘备亲率大军征伐孙权，与陆逊相拒于夷陵道，蜀军大败，刘备死于白帝城。

刘备的一生，幼年孤贫，少年困顿，中年颠沛，直到老年才抢得几块地盘三分天下有其一。

刘备乘时局混乱，自称是汉中山靖王之后。恰好皇室倾危，汉献帝急寻外援，于是对外承认了刘备的身份。汉，治国四百余年，国政虽已不堪，民心仍有一个汉字，就连“名为汉相实为汉贼”的曹操也不敢当领袖。刘备自始高举、高打汉旗。汉室宗亲多了去了，为与普通刘姓宗亲争夺百姓支持，刘备大打仁德牌。

刘备寡言少语，喜怒不形于色，能谦恭待人，城府极深，喜欢结交豪爽之士。弘毅宽厚，礼贤下士，慧眼识才。注意收买人心，能得人死力。与关羽、张飞义结兄弟。三顾茅庐请诸葛亮出山，一生重用诸葛亮，共谋大业。兵败当阳长板坡，赵云死力护佑阿斗，刘备把阿斗扔于地上，说：“险些折我一员大将”，赵云一生对蜀汉忠心耿耿，征战至死。刘备乐善好施，即使不是身为士人的普通百姓，都可与他同席而坐，同簋而食，不会有所拣择。刘备当平原相时，一名郡吏不服治理，唆使刺客前去暗杀刘备。刘备毫不知情，还对刺客十分礼遇，刺客深受感动，不忍心杀害刘备，便坦露实情离去。黄巾余党管亥攻打北海，孔融被围，情势危急，派太史慈突围向刘备求救。刘备惊讶地答道：“北海相孔融居然知道世上有刘备！”便立即派三千精兵随太史慈去北海救援。辅助陶谦镇守徐州时，恰逢陶谦病重，三让徐州，刘备再三推辞。陶谦病死，属下推举刘备代领徐州。刘备到荆州依附刘表，刘表父子谙弱，诸葛亮劝刘备乘势夺了荆州，刘备痛哭：“皆为刘氏宗亲，何忍夺之。宁死，不为负心之事。”刘表病死，曹操亲率大军南下，刘琮投降曹操。刘备从新野撤往江夏，荆州士人、民众追随刘备，有人劝说刘备抛弃民众，轻骑前进，刘备说：“夫济大事必以人为本，今人归吾，吾何忍弃去！”到当阳时，竟有十余万众，辎重数千辆，日行十余里，被曹军追击，败于长坂。刘备入川，张松、法正、庞统皆劝刘备袭杀刘璋，刘备以初来到蜀地，人心尚未信服，不宜轻举妄动为由拒绝。刘璋令刘备攻击张鲁，刘备北至葭萌，驻军不前，厚树恩德以收众心。

对于刘备的仁德，吕布说：“此人最是叵测!”周瑜评价：“刘备，枭雄之姿。”然而后世并不这么认为，至今仍有人以为刘备以天下心为心。

三顾茅庐诸葛亮

只有“变”永恒不变，唯有“易”万古不易。运动、变化、发展、革新本是世间万事万物的普遍规律。世变时移，事变势异，仍有不少人或认为新不如旧，今不如昔；或感觉世风日下，礼崩乐坏；或幻想历史倒退；或妄图阻挡车轮。

诸葛亮幼年丧父，青年时耕读于荆州襄阳城郊，未出山前就已经名震江湖，号卧龙。自恃甚高，自比于春秋战国杰出的政治家、军事家管仲、乐毅。后位至丞相，为官廉洁。身死时，仅有桑八百株，薄田十五顷，内无余帛，外无盈财。因用人不当，致街亭之失，诸葛亮挥泪斩马谡后提请自贬三等。诸葛亮训导其子：“静以修身，俭以养德。非淡薄无以明志，非宁静无以致远。”又用自己的人生经历教育年轻人：“志当存高远”。诸葛亮自己鞠躬尽瘁，死而后已。在其言传身教下，其子诸葛瞻、其孙诸葛尚忠于蜀汉战死沙场。

诸葛亮学识渊博、多才多艺。诸葛亮喜爱书法，篆书、八分、草书都写得很出色。北宋周越《古今法书苑》记载：“蜀先主尝作三鼎，皆武侯篆隶八分，极其工妙。”宋徽宗宣和内府曾经珍藏有诸葛亮的书法作品。诸葛亮擅长绘画，唐张彦远《历代名画记》：“诸葛武侯父子皆长于画。”东晋常璩《华阳国志》记载：“诸葛亮为夷作图谱，以赐夷，夷甚重之。”此外，诸葛亮还精通音律，喜欢操琴吟唱，有很高的音乐修养。陈寿《三国志》记载：“亮躬耕陇亩，好为梁父吟。”诸葛亮著有音乐理论专著《琴经》，撰述制琴之始及七弦之音十三徽取象之意。诸葛亮在技术发明上亦有非凡的表现，改良连弩、制作木牛流马、推演了兵法，作八阵图，都领先于世界科技水平。司马懿感叹“真乃天下奇才也！”

诸葛亮隐居草芦心怀天下，分析了复杂的局势，拟定了隆中战略决策。刘备三顾茅庐，受刘备邀请出山，受任于败军之际，奉命于危难之间，征战一生。曹操南征，诸葛亮渡江游说孙权，达成孙刘战略联盟，在赤壁联手挫败了曹操。随后协助刘备平定荆南四郡，经略巴蜀。曹丕代汉，诸葛亮力主刘备登基，在四川立国建立蜀汉政权，官封丞相。因荆州之争，关羽被孙权袭杀，孙、刘关系破裂，刘备不听劝阻，执意东征，被陆逊火烧连营死于白帝城。诸葛亮受刘备临终托孤，辅佐刘禅。云贵反叛，诸葛亮率军南征，七擒孟获，稳定了后方。汉贼不两立，王业不偏安，诸葛亮五次北伐，六出祁山，病逝于五丈原。

黄巾起事，汉失法统。经过二十年的战乱，智识过人的诸葛亮不可能看不到天下已乱、汉室将亡，诸葛亮为何选择了刘备？在诸葛亮眼中，刘备信义著于四海，是仁德、是道统，是为天下苍生的政治理想。诸葛亮从的是道，尊的是仁，至于刘备到底是不是真正的皇族，是否真心拥汉，可以忽略不计。当曹丕代汉时，诸葛亮立即力主刘备登基。如果北伐曹魏成功，诸葛亮也绝无可能废了刘禅重新迎立汉献帝。诸葛亮心中、眼中另有汉。诸葛亮心中眼中的汉绝不是遗老腐儒死抱不放的汉。汉治国四百年，朝政虽已不堪，民众心中仍有汉，诸葛亮举汉旗要的只是民意，根本没有拥立汉献帝行汉路的意思。

反复反水之吕布

正值汉末，中原混战。吕布先加入地方民团组织，被丁原剿灭，吕布急忙认丁原为干爹。天下大乱，东征军董卓杀入长安，许诺吕布副部职位，诱杀丁原。干儿子不是每个人都能当的，吕布有过人之处，善弓马骑射，臂力过人，持方天画戟，驾赤兔宝马。

没落贵族王允自从田地被东征军没收充公，重金求得貂蝉。在一次酒后，王允故意让董卓与吕布同时看到貂蝉。董卓大怒，火拼之中，年轻力壮的吕布割了董卓的喉。董卓另外两个干儿子李傕、郭汜击败吕布。吕布前往投靠淮南军阀袁术，袁术害怕吕布骄恣，不敢收留。于是吕布改投山东军阀袁绍。在袁绍处，屡立战功，大有功高震主的势头。袁绍开始猜忌，吕布逃往张邈处。曹操挟天子以令诸侯，灭了张邈。吕布再投奔刘备，此前刘备已经认识吕布，而吕布却并不知道刘备。

刘备东征袁术，袁术向吕布许诺粮食、石油、美女各种资源。吕布反水，俘虏刘备的妻妾儿女。刘备只好再次投奔曹操。曹操率兵攻打吕布，决水围城，吕布投降，被捆到曹操面前。吕布乞求活命，声称“江湖混乱，杀了我没有意义，不如收容我，由我充当马前卒，必可统一天下。”曹操心动之际，刘备悄悄附耳，吕布命休矣！

神一般的存在，关羽

中国历史上，朝野上下、体制内外、三教九流都能接受的人物不多，而共同推奉为神的更少。三国名将关羽极为罕见地备受中华文化推崇。历代朝廷褒封其为武圣。各地民众尊称其为关帝，关公庙遍布全国。道教奉其为五文昌之一“文衡圣帝”或“协天大帝”“翊汉天尊”。佛教奉其为护法神之一“伽蓝菩萨”。商人们面向屋外或朝向大门供奉关羽为财神，既招财进屋，又镇守门户。典当业、算命业、香烛业、蚕业、丝织业、糕点业、理发业等行业推崇关羽为祖师爷。除了华夏大地，在日本、东南亚以及海外华侨中，对关羽的膜拜之风也历久不衰。黑道则以桃园三结义的故事，拜其为关二爷、关二哥。香港警匪片，黑道人物一出场，必定是给关老爷上一炷香。

究其原因，忠、信、勇三字。

关羽、张飞、刘备是结义兄弟，三人寝则同床，恩若兄弟。而仇人广坐，关、张侍立终日，不避艰险追随刘备。刘备袭杀徐州刺史车胄，使关羽守下邳。曹操东征，刘备投奔袁绍。曹操擒拿关羽，拜为偏将军，礼之甚厚，表封关羽为汉寿亭侯。虽备受曹操器重，关羽仍然降汉不降曹，身在曹营心在汉，无久留之意。关羽明确对张辽说：“曹公待我厚，然吾受刘将军厚恩，誓以共死，不可背之。吾终不留，吾要当立效以报曹公乃去。”曹操、袁绍争锋，关羽杀颜良报答曹操恩义后挂印封金，拜书告辞，护卫刘备家人连夜离开许昌找寻刘备。曹操感叹：“事君不忘本，真义士也。”关羽好读春秋左传，讽诵略皆上口，义薄云天，梗亮有雄气。史载，关羽骁锐有万人敌。温酒斩华雄。白马坡斩颜良，诛文丑。过五关斩六将。水淹七军，斩庞德擒于禁。刮骨疗伤，谈笑自若。

有人必有江湖，有江湖必有恩怨。有组织就有规矩，体制无处不在。维系组织，锻造体制，除了外化的制度规章还需要内在的道德信念。各朝皇帝都视关羽为忠义的化身，作为教育臣民忠君爱国的基础教育读本，于是关羽“侯而王，王而帝，帝而圣，圣而天”，渐渐走上神坛。降魔除妖，需神勇武卫，于是道、佛两教都把关羽纳入了护法。有始有终，恩怨分明，商人做生意时请一尊关羽像，以示君子爱财取之有道，不背叛合伙人之意，慢慢关羽成了武财神。剥去关羽鲜活的肉身，天地君亲师、道、法、自然、主义、宗旨、信念，都可悄悄塞入关羽忠、信、勇的法座中。拜各的关公。

在中国历史上，关羽是神一般的存在！

同归于晋

——法眼观史之晋论

案头的《晋书》尘封已久，司马家族没有我喜欢的人，总纳闷这样衰朽的政权居然皇祚百年。

司马家族为登顶经营数十年。

黄巾起事，汉失法统。群雄竞逐，终分三国。曹操鼎盛之时，谋士如云，猛将若雨，司马懿未能侧身其间，至曹操死，司马懿只做了个图书管理员，无一策一计献于朝廷。文帝曹丕代汉创魏，司马懿才崭露头角，每与大谋，辄有奇策，受遗命辅政。明帝曹睿世，司马懿大展谋略，抗击吴蜀擒斩孟达，平定辽东剿灭公孙渊。明帝托孤，司马懿诛杀曹爽，执掌朝政。司马懿长期培养司马师、司马昭，临死为司马家族留下了简单的五字规划："依葫芦画瓢"。此后，司马家族依循着曹魏代汉的旧路画出了晋的版图。

史载，司马懿生于乱世，"少有奇节，聪明多大略，博学洽闻，伏膺儒教""聪亮明允，刚断英特""常慨然有忧天下心"。曹操自己挟天子以令诸侯，最疑心他人有异志。司马懿于曹操时未有建树绝非大剑晚铸而是深隐韬诲，历曹操、曹丕、曹睿三世，未觉察其异志。待司马家族坐大，曹魏后继无人，虽“司马昭之心，路人皆知”，已经无可奈何花落去。对司马家族而言，壮大，侵夺权柄，就是出路。

大奸若此，大忍若此，想不成大事，难！

司马家族以齐心齐力兴，以分崩离析亡。

长期与曹魏周旋，长期与蜀吴抗衡，司马家族凝聚家族合力，以才干能力决定位置，司马师传位于司马昭，职位由家族中最有能力的人担当。

司马炎灭蜀伐魏再灭吴，以为天下一统、和平昌盛，不思经国雄略，不谋长治良策，明知司马衷有智障，龙椅未必安稳，仍传位于司马衷，留下内乱祸患。门阀世族下，按照权势分配社会资源，分得最多资源的偏偏又是个傻子，于是家族内讧，爆发八王之乱，实力大损，北方强敌入侵，五胡乱华。魏可代汉，晋可伐魏，他人为何不可代晋？于是王敦之乱、苏峻之乱、桓温之乱，直至刘宋代晋，乱哄哄百年，闹嚷嚷百载。

从家族齐心夺得龙椅龙权，到为争夺龙椅、龙权残酷血腥窝里斗，八王之乱，父子相残，夫妻反目，手足相争，个个奋勇夺权，人人欲心满满，人伦尽失，天道尽灭。

失道若此，失德若此，想不失基业，亦难！

司马家之兴亡

司马家族经过司马懿与其子司马师、司马昭长期经营，于公元263年灭蜀。公元265年，司马炎逼迫魏禅让，国号晋。公元280年灭吴，统一全国。建国初期，司马炎采取一系列经济措施以发展生产， 太康元年，颁行户调式，包括占田制、户调制和品官占田荫客制。太康年间出现一片繁荣景象，史称“太康之治”。

灭吴后，司马炎以为天下无事，怠于政术，耽于游宴，逐渐奢侈腐化。后宫有万人规模，司马炎为临幸方便，乘坐羊车在后宫内逡巡，停在哪个宫女门前便前往临幸。宫女为求皇帝临幸，便在住处前洒盐巴、插竹叶以引诱羊车前往。皇族和贵族纵情享受，奢侈浪费，风气日渐败坏。公卿贵游竞富争豪，大臣何曾每天吃饭用一万钱，还“无处下箸”，其子何劭一定要吃四方珍异，一天膳费二万钱。司马炎的内弟王恺与当时首富石崇比赛炫耀财富，争夸豪丽。为维持奢靡腐化的生活，皇室、权贵、豪族必然加紧聚敛，贪污纳贿，习以为常。

打江山坐江山，门阀贵族集团统治下内部利益的平衡极其重要。一方面，司马炎未能从整个政权大局出发，明知傻子司马衷不堪承继大统，然恃皇孙聪睿，故无废立之心，执意传位于司马衷。另一方面，司马炎认为曹魏过度压抑宗室，导致宗室衰微，帝室孤弱，最后被权臣所篡，于是大肆分封宗室为王并使其掌握兵权，都督诸军事，镇守要害区域，形成尾大不掉之势。分得最多利益的偏偏是个傻子，各皇室宗亲又掌握军政大权有重新洗牌的能力，埋下了家族内乱的祸根。

魏晋时期，民族大迁徙，边境少数民族迁入中原，引发少数民族与汉人的冲突，司马炎未能妥善处理。全国统一后，司马炎下诏："悉去州郡兵，大郡置武吏百人，小郡五十人"，即诸州无事者罢其兵，实行军民分治，刺史只作为行政长官，不再执掌军权，都督校尉治军。因悉去州郡兵，连地方治安都没办法维持，天下大乱时，更是无力控制局面。

唐太宗李世民评说："司马炎睹天下之安，谓千年而永治。不知居治而忘危，则治无常治。君子防其始，圣人闲其端。"

经过短暂的安定统一后，司马炎去世没几年，内部宗室残杀，外部五胡乱华，中华进入了长达三百年的大分裂、大动荡、大倒退的暗黑时代。

隋风而去

——法眼观史之隋论

罗贯中说，天下大势，分久必合，合久必分。

黑格尔说，中国历史，只见循环，不见向上；只有往复，没有进步。

秦汉之际，隋唐之替，何其若也，恍如时光回返，场景重现。

秦灭六国，隋统中华；秦二世而亡，隋二世而乱；秦政暴虐，隋好征战；陈胜吴广揭竿起义，翟让李密啸聚山林；秦开雄汉，隋启盛唐；郡县制度影响深远，三省六部延及后世……

如果说秦开启历史，治国经验不足，那么隋目睹更迭，本不该短命如此。

以数千年华夏史观之，秦隋只是治乱成败的压缩版。不必说五胡乱华，十六国乾坤大挪移；也不必说南北朝频频换旗；更不必说五代十国江湖乱战。汉唐明清同样的来来去去。华夏似乎走不出历史的轮回。

有学者认为，王朝更替因为封建统治者未能以史为镜、以古为鉴。

不然。

中国历来重视历史经验的总结。

《尚书》《春秋左传》《国语》《战国策》，对王霸之业已有记载。《史记》“究天人之际，通古今之变”。《资治通鉴》“鉴于往事，有资于治道”。本朝修前朝史更是传统。与任何国家和民族相比，华夏的历史教科书最多。

各朝历来重视接班人的培养。

皇子们生下来就学习治国之道、治民之理，老师们也都是些鸿儒巨匠，皇子们对历史经验与教训思之深远，为人民服务的大道理信口拈来，学了几十年，亲政了，治着治着江山没了王朝换了，熟读几十年的诗书不管用。

历史经验教训不管用？知易行难？

不尽然。

帝者之治一人之治，王朝之治集团之治。既非多数人之治，更非全民之治，如何能知民情、顺民心、从民意？又如何能重民智、崇民权、恤民力？慢慢走向历史的反面、最终失去历史的眷恋，只是时间的问题。

破解之策只有八字：民心、民意、民权、民智。

就你话多

隋名将贺若弼，鲜卑人，复姓贺若，祖籍山西大同。年轻时便慷慨有大志，骁勇便弓马，有重名于当世。多次领军南征，侵夺陈国地盘。隋建国后，贺若弼献取陈十策。公元589年，贺若弼与韩擒虎兵分两路南征，一举灭陈，实现国家统一。

将门有将，贺若弼是将门之后。其父贺若敦为北周名将，有气干，善骑射，以武猛闻名。当时北周朝政被权臣宇文护把持，贺若敦与其政见不合，宇文护处处压制贺若敦，有军功而不禄。贺若敦恃功负气，每怀怨怒而口出怨言，为宇文护所不容，逼令自杀。临死前，贺若敦用锥子把贺若弼的舌头刺出血，告诫其慎言："吾以舌死，汝不可不思"。

贺若弼奉旨经略江南前曾给寿州总管源雄赋诗一首："交河骠骑幕，合浦伏波营，勿使麒麟上，无我二人名。"功名之心跃然纸上。伐陈时，韩擒虎先期入城俘获陈后主叔宝。贺若弼愤恨没有先抓获陈叔宝，与韩擒虎争功相骂，甚至拔刀相向。回京后，两人又在隋文帝杨坚面前争功。隋文帝无奈，只好说："二将俱合上勋。"职位、赏赐同等待遇。此时贺若弼位望已是贵盛隆重，但贺若弼自以为功名在群臣之上，常以宰相自许。既而杨素为相，贺若弼不服，形于言色，遭致罢官。而贺若弼怨气愈甚，遂下狱。朝臣认为贺若弼怨愤过重，奏请处以死刑。隋文帝惜其功劳，免死除名，后来虽然复爵位，但不再被任用。

杨广为太子时，问贺若弼："杨素、韩擒、史万岁三人，俱称良将，优劣如何？"贺若弼说："杨素是猛将，非谋将；韩擒是斗将，非领将；史万岁是骑将，非大将 。"杨广又说："然则大将谁也？"贺若弼回答说："唯殿下所择。"贺若弼本意是自许文武智略，其方为大将，在杨素、韩擒虎、史万岁之上。杨广排挤前太子杨勇而夺宫上位，本就怕老臣元勋不服，自此更加猜忌疏远贺若弼。

杨广登基后北巡，贺若弼以为一路的排场太过奢侈，私下议论，被人所奏。杨广乘机以诽谤朝政的罪名诛杀贺若弼。

贺若弼文武将略本为朝廷所忌，功勋位望又为世人所妒。"功成名立，矜伐不已，竟颠殒于非命，亦不密以失身。若念父临终之言，必不及于斯祸矣。"终究未能吸取其父血的教训。

矛盾无处不在，问题从来无解。既然解决不了问题或者不打算解决问题，那么只好解决提出问题的人。逻辑从来简单，治国太难。

相者风范

秦灭六国，废分封，设郡县，皇帝不再通过分封具有血缘关系的皇族掌握军政大权而统治臣民，而是通过庞大的科层式官僚体系逐级向全国发号施令。秦设丞相职位，并沿袭两千年。自此，相就居于官僚体系的顶峰，成为历代辅助皇帝、统领群僚、总揽政务的最高行政长官。司马迁认为，“宰相者，上佐天子理阴阳，顺四时，下遂万物之宜，外填抚四夷诸侯，内亲附百姓，使卿大夫各得任其职也。”

唐代良相房玄龄是“贞观之治”的主要缔造者之一。出身书香世家，博览经史，工书善文。隋文帝杨坚建隋灭陈统一全国，天下一片太平之象。年幼的房玄龄却敏锐地捕捉到乱世即将来临，对其父亲房彦谦说：“当今皇上没有什么大功德，只因是权臣近亲，欺周朝儿幼母弱，妄自诛杀，篡权上位，对皇位继承人的处置不当引发内斗，皇室竞相奢侈腐败，现在表面稳定，用不了多久就会溃烂。”其父大惊，也认为“皇帝好猜忌，听不进反对意见。朝政也逐渐倾向苛酷。天下虽安，方忧危乱。”让房玄龄深藏风云志，不要多讲话。房玄龄十八岁时举进士，高孝基一见即断定房是栋梁之材。隋末房玄龄看到乱象已然显现，慨然有忧天下志，毅然加入反政府军，追随李世民十年征战。参谋划策，典管书记，为李世民广罗人才。李世民称赞其有“筹谋帷幄，定社稷之功”，画像于凌烟阁。参与策划玄武门兵变，诛杀李建成、李元吉。任宰相辅佐李世民二十年。参与制定典章制度，主持律令、格敕的修订，又曾与魏征同修唐礼；善于用人，不求备取人，也不问贵贱，随材授任；恪守职责。且不自居功，善用伟才、敏行慎吉、自甘卑下、常行让贤。执政刑罚也尽量宽平。重病的房玄龄仍不忘朝政，当时唐征伐高丽。房玄龄上疏：“知进退存亡不失其正者方为圣人。国家灭了突厥收了西北，陛下威名功烈既云足矣，拓地开疆亦可止矣。不可妄用民力，好大喜功，征战无度。”李世民感慨“病笃如此，尚能忧我国家。”

房玄龄的成就离不开其父房彦谦的言传身教。房彦谦在北齐、隋两朝为官，曾慨然有澄清天下之志，但因耿介仕途不顺，又因直道守常，介然孤立，被执政者嫉恨。房彦谦祖上本是旧财主，家有旧业，资产素殷，房彦谦把家产、俸禄，都用于周济亲友百姓，从来不以权谋私，最终虽家无余财，却怡然自得。房彦谦曾经语重心长地对房玄龄说：“人皆因禄富，我独以官贫。所遗子孙，在于清白耳。”房玄龄终身效父清白，也告诫儿子们不要以地望凌人，切勿骄奢沉溺，集汇古今圣贤家戒，亲书于屏风上，分给各房子嗣。

善于总结历史经验教训的李世民问君臣：“打江山、坐江山哪个更难？”房玄龄曰：“打江山时风云际会，群雄竞逐，百战而得，打江山难。”魏征说：“打江山时，一意进取，不难。坐江山时，则容易穷奢极欲，盘剥民众，最终失去民心，坐江山难。”李世民说：“房玄龄追随我打江山，百死一生，目睹创业之难。魏征助我坐天下，害怕皇室、权贵、官僚富贵骄怠，最终败亡。打江山难，已经过来了。坐江山难，需要慎思谨行。”

相者，一人之下，万人之上，权倾天下，位极人臣，行为世范，责重泰山。于乱世，当运筹帷幄决胜千里；于治世，当教化人伦泽及后世；于季世，当力挽狂澜匡扶大厦。然而，皇权之下，相者为朝廷奔劳，为帝王效命，既无须民众推举，也不必向民众负责。为相者众，可称者少。或因女色，或袭门阀，或累资历，或谄媚取容，或权谋进身。居其位无其德无其才无其仁者，比比皆是。庸劣鄙俗暴虐贪腐乃至窃位玩权者何其多也。治国有道的圣君凤毛，垂范百世的名相麟角。

奄奄一宋

——法眼观史之宋论

宋外交、军事之弱，在大王朝中罕见。

宋的疆域，北未到燕云，西未达陕甘，西藏未臣服，大理未归化，契丹虎视于北，党项狼窥于西，吐蕃侵袭西南，小小的大理也没把宋放在眼里。金兵南下，俘虏了钦徽二宗。宋弃了秦岭淮河以北，偏安一隅，直至被蒙古三面包抄剿灭。宋在国力最强盛的时期也未能实现国家统一。前朝失去的燕云十六州未能收复多少有推脱的理由，用金钱美女换和平的澶渊之盟则丢尽了脸面。契丹、党项、吐蕃、女真、蒙古，来自北方的强敌如潮水般一拨拨涌来，河北、河南、山东、山西、安徽，宋如裂帛般节节退却。战时弃守土地，和时奉献金帛。雄汉声威、盛唐气象荡然无存。

宋的外交、军事与宋的经济、文化实力明显背离。

宋人口近一亿，是当时生产力最高、经济最发达的国家。随着灌溉、施肥、新式金属工具和最早的机器、改良的作物新品种等农耕技术的提高，农业产量大幅增加，江南已成天下粮仓。丝织、陶瓷、采煤、冶铜、冶铁、煮盐、造船技术得到了突破。发明了火药及火器，出现了“霹雳炮”“震天雷”“飞火枪”“突火枪”。商业高度发达，出现了纸币。改进了活字印刷，书法、绘画、文学大发展。与北方游牧民族相比，宋的经济文化实力处于绝对的优势。

有着强大经济文化实力的宋却患了严重的“重症肌无力”，原因何在？

唐中叶后，藩镇擅权，军阀割据。五代十国，大多以军人起家，以军变夺权。赵匡胤自己就是带着一帮弟兄搞了个黄袍加身。加强巩固皇权对军队的控制，削弱打击武将对军队的指挥，就成了宋王朝的不二选择。杯酒释兵权，赶走了老将军。分割军事职权，调兵权、掌兵权、统兵权相分离。驱密院管部队调动；殿前都指挥使、步军都指挥使、马军都指挥使三衙管部队日常训练；将领由皇帝临时指定。重文轻武，以文治武，选拔使用文人治军治政，即使战时，也用文人或太监担任随行军代表，侵夺职业军人的指挥权。设立皇帝直接指挥的禁军，强化皇帝对军队的直接领导，削弱地方势力。岳飞打了几个胜仗，江湖传说了几句岳家军，就让皇帝寝食不安。军人战胜招忌，战败有过，谁愿领军？谁愿征战？上述措施、制度，倒是让皇帝睡了三百年的安稳觉，但军事实力也不足以护卫国土、抚安民众了。兴盛的经济文化，孱弱的外交军事，宋俨然成了强敌眼中的碗中肉。

如果说建国之初，忌惮功臣武将侵吞其军权，无可非议。在政权已稳定，外患重于内忧之后，仍不思改变就失策了。吃败战、失国土，皇帝都被人虏了去，仍不改国策，一心避战求和，则是坐以待毙了。

时人苏洵对朝廷一味求和实在看不下去，写了个奏折《六国论》。皇帝虽然很感动，但时政并无改观。明白人后来也就知道，朝廷的病症已然不轻了。于是大家都“暖风熏得游人醉，直把杭州作汴州！”得过且过，等着蒙古入侵了。

大哉乾元

——法眼观史之元论

近年，一些所谓西方史学家声称，于中国而言，蒙元、满清都是外来政权，成吉思汗、忽必烈、努尔哈赤、皇太极是外来侵略者而不是中华民族英雄。更有耸人听闻者狂言：宋亡之后无中国，明亡之后无华夏。

此论割裂了中华历史，割裂了中华文化，割裂了中华地域，谬矣！

蒙古一词最早见于《旧唐书》蒙兀室韦，属于东胡系，由室韦部落的一支发展而来。蒙古高原在汉朝以前主要居民是匈奴人。匈奴被西汉击溃之后，蒙古高原先后由柔然、突厥、回纥等民族控制。唐彻底击溃突厥，蒙古地区纳入中国版图，后为契丹辽朝版图。公元1206年，成吉思汗统一大漠各部落，建立蒙古帝国，迅速扩张为欧亚大陆最强大、也是人类历史上疆域最广的帝国。随后帝国分裂。1271年忽必烈在蒙古本土建立元朝。1370年，蒙元势力被明朝瓦解。1660年蒙古库伦活佛做出了影响后世数百年的决定，归附明政府，而不是向沙皇俄国投降。清，内外蒙古地区再次纳入中国版图。内蒙古南部地区并入内地省份，其余部分设为“盟”“道”，由中央直管。外蒙古称喀尔喀蒙古、漠北蒙古，由乌里雅苏台将军管辖，辖区相当于省级行政区，东临黑龙江将军辖地，西端至阿尔泰山连接新疆，南边到达翰海与内蒙古相连，北面与俄罗斯接壤。蒙古民族彻底融入了华夏。

从征服到同化，从地方割据政权到中央统一王朝再到地方族群，蒙元如此，满清亦如此。

满族属于阿尔泰语系，曾在中国历史上两度建立中原王朝。渊源可上溯到距今六七千年的肃慎族系新开流文化和莺啊冲文化。肃慎自舜禹时便见诸史籍。《山海经》载：“大荒之中，有山名曰不咸，有肃慎氏之国。”《竹书纪年》载：“帝舜有虞氏二十五年，息慎（即肃慎）来朝，贡弓矢。”禹定九州时，周武王、成王时，肃慎均派使来贡，最著名的贡品为“楛矢石砮”。周人称“肃慎、燕、亳，吾北土也”。汉魏两晋时称挹娄，北魏时称勿吉，隋唐时称靺鞨，北宋至明称女真。唐代中期满族先人的一部粟末靺鞨领袖大祚荣建立地方政权，北至松花江下游、南至朝鲜半岛北部、东临大海、西南达今辽宁省北部及东部。公元713年，大祚荣接受唐册封为渤海郡王、加授忽汗州都督。唐在当地设立黑水经略使。九世纪末，渤海国被辽所灭。北宋时期，女真完颜部逐渐强大，完颜阿骨打建立金朝，1125年灭辽，次年灭北宋。后迁都今北京，再迁都今河南开封。1234年被蒙元所灭。蒙元对女真采取了随俗而治的政策，设万户府、千户所。明代承接蒙元，对北起外兴安岭、东至库叶岛的东北区域实施有效统治，设立卫所，把女真分为建州、海西（扈伦）、东海（野人）三部。1616年，努尔哈赤统一女真各部落，建立后金。1635年，皇太极废除女真族号，改称满洲，满族自此形成。1636年，皇太极将国号改为清，1644年入关，建立了统一的中央政权。与蒙元拒绝汉化、被动汉化不同，满清主动接受汉化，语言文字风俗习惯基本汉化。

在长期的历史发展中逐渐内向，逐渐接受中原文化，逐渐融入华夏，不仅蒙元、满清如此，其他少数民族族群亦如此。

匈奴、鲜卑、羯、羌、氐、突厥、回纥、吐蕃、契丹、党项、女真、蒙、满，乱华而入华。东夷、百越、巴、大理则主动归化。一方面，国家统一逐渐扩大和巩固，大统一始终是主要趋势，大团结始终是民族关系的主流。国家的疆域不仅包括历代中央王朝和汉族政权控制的区域，也包括因各种历史原因暂时未纳入中央政权统治的地方割据政权和少数民族政权。另一方面，国力鼎盛、国家统一时，民族、文化的融合与团结就能顺畅进行，而分裂割据动荡时，民族、文化的交流就会受到一定的阻碍。但是即便是大分裂、大割据、大动荡时期，希望统一、追求统一、争取统一，仍然是包括汉族和各少数民族，包括中央政权和地方割据政权在内的共同信念和实际行动。魏、蜀、吴，三家归晋是割据政权之间的关系，不是国与国之间的关系。辽、金、西夏、宋，是汉民族政权与少数民族政权之间的关系，不是国与国之间的关系。蒙元、满清是地方政权少数民族政权统一全国，不是外来政权灭亡中国。

民族、国家、疆域，在岁月的迁延中不断变迁，历史的痕迹影印现实的况景。不唯少数民族如此，汉亦如此。

汉之为汉，历千年而成型。源于古羌，成于夏商。炎黄集团驱赶三苗集团，在中州初步形成华族。商灭夏，黄河流域融为一体。周武开基，融合了夷、蛮、戎、狄。秦大一统，建中央专制集权国家，奠定华族到汉的基础。汉创设刺史，独尊儒术，千年正统统一了思想，完成华到汉的转变。五胡乱华，征战与和亲，强制与自愿，大动荡、大迁移，胡人改汉姓，皇族赐姓名，胡汉夷越共一体。北魏、北齐、北周，独孤、令狐、宇文皆录汉籍，并为豪门。以昔日狭隘之汉观之，宋、明亡于异族；以今日包容之华夏观之，宋、明汇入洪流。同理，大陆与台湾，两岸分治、一中各表，将来无论是和平统一还是武力收复，只是对立的政权，不是对立的国家。

华夏长期生存栖息于亚洲东部，太平洋西岸。东南限于海；北方是辽阔蒙古高原，再北是蛮荒的西伯利亚；东北横列着外兴安岭；西北葱岭、帕米尔高原、喀喇昆仑山之外是崇山峻岭、荒漠戈壁；西南则是青藏高原、横断山脉。在冷兵器时代，东亚特殊的半封闭的、内向型的地理环境，形成天然的屏障，使得来自各个方向的少数民族族群天然向中原内聚，血缘、文化的交流形成了以中原为核心、以汉以主体，不断受到各个周边冲击，不断吸纳周边民族，疆域越来越大，国家统一越来越巩固，文化越来越包容，民族认同越来越强化。中国自古就是一个多民族、多族群的国家。汉、唐、宋、明是华夏的主体但不是华夏的全部，辽、金、蒙、满，各少数族群的斑斓与汉民族一同构筑了华夏。各族群长期生活在时而安定统一、时而分裂动荡的国家之中，各族群共同缔造开发了中国的疆域。征战、和亲、通婚、朝贡、互市、赏赐、册封，相互的交流、依赖，华夷之分渐淡，最终形成多元一体的中华民族。华夏文化也以汉文化为主体，充分吸纳少数民族文化，具有强大的包容性。

谁说宋亡之后无中国？谁说明亡之后无华夏？宋、明亡的是政权而不是国家。民仍在，根仍在，魂仍在，中国仍在，华夏仍在。征服与反征服，同化与被同化，中华的历史本就是大分裂、大动荡、大迁移、大统一、大融合的历史。血脉相通、文化相融，经过数千年主动或者被动的经济、政治、军事、文化的全面对抗、全面吸纳、全面融合，最终形成了近现代意义上的华夏国家、华夏版图、华夏民族。上苍用五千年书写了一个名字：中华。以东亚为炉，以人文为炭，血与火的争战，灵与肉的碰撞，两万里关山，五千年沧桑，锻造了我巍巍大中华。

千年虎患

围绕着大老虎，四川系、石油系、政法系正紧张而有序地彩排；秘书帮、白手套、红代理逐一登场；奉旨巡查的中纪委巡视组依然没有停下脚步的意思。

权力为其爪，威势为其牙，狐狸为谋，豺狼为用，饿狗为伴，位高权重的大老虎危害不言而喻。掠夺社会资源，盘剥底层民众，突破法律禁区，摧毁良知底线，粉碎道德信仰。虎患不仅危害一时，而且流毒深远，直接危害执政集团的法理根基。

提到大老虎，让人首先想到清乾隆时的宠臣和珅。嘉庆拿下和珅抄家时赃款高达八亿两，相当于清政府十五年的税收。为避免牵连太多的官吏商贾，嘉庆逼令和珅自杀，宣布案件终结。整个打虎过程仅用了十五天。由于没有铲除贪腐的根基，高效打腐没有从根本上扭转官场的习气，帝国由盛至衰。东汉顺帝的国舅梁冀，拥立年幼的恒帝刘志继位。刘志为了酬谢，礼遇之优、封地之广、赏赐之厚，超过两汉以来的元勋。梁冀仍不满足，醉心于权势，全家老小都安排在要害部门担任要害职位，结党营私，公然纳贿，穷奢极欲，为所欲为。并且大胆到多次让刘志身边的人失联。忍了十余年的刘志感觉自己也随时可能失联。于是毅然决定打虎，突然派兵拿下梁冀，查抄的资产足够维持汉王朝整个官僚体系运转一年。除了权臣、外戚，太监也同样乱收。明王振、刘瑾对权力、金钱、威福的追求远远超出了常人。

西魏权臣宇文泰久有夺宫上位之心，问计于高人苏绰。两人秉烛夜谈。苏绰说："贪官可用。用贪官可结党羽，杀贪官可得民心，收贪赃可充国库。"意思是大胆起用贪官，给予功名利禄，同时掌握贪污腐败的把柄，就能牢牢地让他们死心塌地卖命；对于朝臣和老百姓反响太恶劣的贪官，拖出几个来扑杀，既能收买民心，又能警示异己；查收贪官的家产也能补充国库的空虚。此后，宇文泰做起了养虎的买卖。果然一大拨文武大臣投怀送抱，在宫廷内外几乎没有遭遇任何阻力就夺了魏的江山。然而，贪腐的朝政也很快侵蚀了政权的合法性，隋文帝杨坚成了人民的选择、历史的选择。

历代帝王似乎对大老虎有着极强的容忍力。只要不谋反、不谋逆，不直接危及皇权，不在关键时刻站错队，贪污些钱财，玩弄些异性，安插些党羽，都不是罪。倒卖个批文，那就不是个事。对于实在不得不打的大老虎，皇帝开始还发个诏书列举几条罪状，后来就让其暴卒。这是因为大老虎贪腐的数额实在太吓人。

或权贵、或宠臣、或外戚、或内侍、或太医，甚至是厨子，细细考察，历史上有名的大老虎，似乎总有人喂养。要不要打？怎么打？是一网打尽还是点到为止？要不要顺便打狐狸、豺狼、饿狗？一切总在掌控中。虎患千年，打虎千年；打虎千年，虎患千年。换了一朝又一朝，打了一拨又一拨，总也打不完。

权力极度扩张，渗透于社会生活的一切领域；权力高度集中，缺乏规则与程序的制约；权力运行封闭秘密，巨大的寻租空间又欠缺有效的监督。明白了大老虎是如何炼成的，也就找到了减少消除虎患的法门。于官府，权力分立制衡监督。于社会，把权力关进笼子里。于公民，彰显权利保障权利。以权利制约权力，以权力制衡权力，为权力上枷锁，给权力定边界，用制度的常态取代历史的例外，用他律取代自律。立法充分吸纳民意，行政谨守边界，司法仅服从法律，社会生活交给公民自己。

民主不立，老虎不死。法治不彰，贪腐不止。欲绝虎患，唯有社会主义民主法治。

刀笔二十年

向国徽承诺

——法官职业道德演讲稿

有人说，“法官的工作是平凡的，没有惊天动地的业绩，没有慷慨激昂的话语”；也有人说，“法官的生活是清贫的，没有丰厚的收入，没有优越的待遇”；更有人说，“法官的内心是寂寞的，没有感性的波澜，没有奔放的热情”。的确，学习把握枯燥的法律条文，核实质对细琐的证据材料，琢磨推敲味同嚼蜡的诉讼文书，应付处理繁杂无趣的日常事务，就是我们的工作；微薄的工资收入，沉重的生活负担，不愿为五斗米折腰，却要为五斗米操劳，就是我们的生活；冷峻的逻辑掩盖了深沉的悲悯，客观的分析替代了狂热的感性，就是我们的内心。灿烂的鲜花不属于我们，雷鸣的掌声不属于我们。有时因为理念超前，我们不被社会认同；有时因为体制僵化，我们受到民众诟讽。偶尔因为职位未有升迁，我们难免牢骚；有时因为压力无可化解，我们倍感辛劳。但职业的磨砺，打造了我们坚忍的性情；世事的历练，成就了我们豁达的心胸。

庄严的法庭，庄重的法袍，威严的法槌，人民法官营造法的时空；阐释法理，裁决争端，分配利益，人民法院树立法的权威；排解纠纷，消除矛盾，除恶扬善，人民法官把正义展示在世人眼前。在共和国广袤的土地上，在乡镇的每个村寨，在城市的每个角落都留下了人民法官平凡而坚实的足迹；在共和国神圣的华表上铭刻着人民法官朴实而绚丽的风采；在共和国辉煌的史册里记载着人民法官普通而伟岸的业绩。正是人民法官的平凡和清贫，正是人民法官的奉献和付出，正是人民法官的寂寞和坚守，构筑起共和国法治的大厦。共和国六十年法治建设的坎坷道路上，凝聚着人民法官的心血、青春和生命；共和国六十年社会发展的风雨历程中，浓缩着人民法官的忠诚、信念和奉献。

翻开历史的画卷，雄汉盛唐的司法成就激励人心，亡秦乱隋的治国教训发人深省；趟过历史的长河，包拯、海瑞……一个个闪光的名字在耳旁回响，《法经》《唐律》……一部部传世的法典在眼前闪现。纵观历史，不难发现，法治的成败关系着国运的兴衰，法治兴则国家兴，法治衰则国家衰，国乱法先乱，法乱国必乱；展望未来，可以确信，市场经济就是法治经济，现代社会呼唤法治保障，司法工作必须适应深刻的社会变革。

历史留给我们太多沉重的负荷，未来需要我们做出更多的探索。千百年来，我们的民族一直深怀着一个梦想，一个强国富国的梦想；千百年来，我们的民族一直企盼着经济繁荣、政治清明、社会稳定、文化发达、人民安康；千百年来，我们的民族一直期待四海升平、天下大同。今天，人民把权力交给我们，要求我们清正廉洁、公正无私；今天历史把重任交给我们，千百年的梦想将在我们手中实现。我们这一代法官肩负着人民的厚望，肩负着历史的重托。对于人民的信任，我们别无选择；对于历史的期冀，我们责无旁贷。因为我们拥有一个响亮的名字——“人民的法官”。因为我们是共和国的法官，建设自由、民主、公正的法治国家是我们永恒的执法理念。

面对庄严的国徽，我们承诺，忠于人民、忠于祖国、忠于宪法和法律。

面对庄严的国徽，我们承诺，遵守法官职业道德，恪守法官职业操守，无私无畏，不偏不袒，刚正不阿，修身奉法，慎思、慎决、慎独，克私、克己、克欲。

面对庄严的国徽，我们承诺，勇于开拓，积极进取，领潮争先，与时俱进，站在历史发展的前沿，代表社会变革的方向，继受法律文化，传承社会文明。

面对庄严的国徽，我们承诺，尊重客观事实，保障公民权利，履行法定职责，维护法制统一，捍卫法律尊严。

面对庄严的国徽，我们承诺，让正义之光照亮神州，让自由之花开遍中华。

面对庄严的国徽，我们承诺，用青春、热血和生命谱写人民司法事业的辉煌，为历史塑一座不朽的丰碑。

（2002年7月于云南曲靖）

生命即奋斗

——一个职业法官的成长与梦想

请允许我讲述自己真实的故事。

我出生于云南玉溪一个多民族聚居区。父亲是建筑劳工，母亲是农村妇女。我出生时母亲因难产及产后感染去世，当时大姐十五岁，二姐八岁，哥哥六岁，祖父母、外祖母都年过八十，而我是尚未睁眼的婴儿。坚毅勤奋的父亲肩负了所有家庭的责任，用微薄的工资收入于艰难困苦中把祖父母、外祖母养老送终，把我们姐弟抚养教育成人。中年丧偶后的父亲再未婚娶，把所有的爱都给了我们。除了大姐因生活的重压当年被迫辍学参加工作外，二姐、哥哥和我都接受了全日制高等教育，完成了大学学业。辗转于城乡边缘，游走于建筑工地，幼年的经历使我深切明了城市贫民的境遇。在成长过程中，社区、邻居、教师给予我们许多无私的帮助。

少年的我觉得将来应该为社会做些什么，于是选择了学习法律。大学毕业时，为减轻父亲的负担，让已过退休年龄的父亲不再攀云梯、过涵洞、上脚架，能够安度晚年，我放弃继续研修的机会参加了工作。因为缺乏关系，被分配到汉、回、彝、苗、布依多民族聚居区的某基层法院，并被派遣到经济文化落后、交通艰苦的乡下法庭工作。法庭管辖区域南边是农区，北边是矿区。四年的法庭使我熟悉、了解了农民矿工的生活。七年的院机关，刑事、民商事、行政，立案、审判、执行，我得到了全方位的业务磨砺。在法官职业生涯中我兼职庭室内勤、团支部书记、工会委员，当选了县人大代表加入了民主党派，关注社区公共卫生和农村妇女生育健康。青年时代十一年的基层办案生涯和社会兼职，目睹了太多贫穷、愚昧、罪恶以及不公不义，也感受到了社会最底层的深情厚意。我受到了最好的社会教育,彻底领悟了信仰法治的意义。

十一年的艰辛与努力，十一年的执着与坚守，十一年的公正与声誉没有白费。因为综合实力和工作业绩，经过全国范围内的竞争我得到了广东省高级人民法院的工作职位。在一线城市广州，我增长了见识，开阔了视野，提升了能力。丰富的人生阅历，全面的业务磨砺，磨炼了我的意志，形成了我豁达、乐观、平和、大度的人生态度和处世性格。穷困的山乡经得住磨炼，繁华的都市受得住诱惑，无论是条件艰苦的山区法庭，还是富裕繁华的现代都市，我都能处之泰然。

青年的我认为应当知恩、感恩、报恩，尽自己绵薄之力回报社会服务民众，于是选择了法官职业，选择了坚守。特殊的成长背景塑造了我特立独行的品格，对尊严、平等的追求深入骨髓。独自面对人生风风雨雨的父亲备受高血压、痛风、糖尿病的折磨，孤独而沧桑的背影慢慢老去，在我的内心深处父亲仍然是那座不可逾越的山，高大伟岸。

正如马丁·路德·金所说，“让公平似水奔流，让正义如泉喷涌。”自由而平等的权利值得珍惜也源于我们每个人的参与。一个国家的真正力量源于文明，源于国民恒久而共同的信念:自由、平等、机会和不灭的希望。我深信不管遭遇什么样的人生困境，经过不懈的努力，每个人都能战胜逆境，实现自我。

历史留给我们太多沉重的负荷，未来需要我们做出更多的思考。趟过历史的河，拨开尘世的雾，作为法律人，作为职业法官，我深怀梦想：人人能够享有富裕有尊严的生活和平等发展的机会，人人都能享有社会的公平与正义。

自由和人人平等的梦想需要我们去践行，社会的公平与正义需要我们去实现。建设更加公正、平等、自由的社会主义法治国家，我们前行。

（2009年6月于穗）

法官如何操刀

——写给年轻的刑事法官

去年，浙江杭州张辉、张高平，河南平顶山李怀亮，福建福清吴昌龙，浙江萧山陈建阳等相继宣告无罪。近日，河南商丘男子杨波涛强奸杀人案羁押十年，三次有罪判决，三次发回重审，终因证据不足控方撤回指控。无论是冤情昭雪还是疑罪从无，冤假错案的现实可能性，防范冤假错案的紧迫性，摆在每一个法律人的面前，值得每一个刑事法官深思。刑事审判是法院的刀把子，必须做到例无虚发。冤狱拍门，静气凝神，每一个刑事法官对待每一个刑事案件时仍需战战兢兢、如履薄冰。

锻造冤案易，昭雪冤狱难！一个冤案在统计报表中只是百万分之一，但对于蒙冤者却是百分之百。正义是相对的，但蒙冤却是绝对的！错案虽难杜绝，冤狱却必须零容忍！冤假错案一旦炼成，或长期羁押，或财物扣缴，或人头落地，或名誉受损，严重侵害当事人的生命、自由、财产、尊严，伤害当事人及社会公众的法治情感，消减司法公正，损害司法公信。冤假错案的复查纠正，或引发社会影响，或牵涉责任追究，或面临国家赔偿，阻力大、代价高。越是重罪重刑，后果越重、阻力越大、代价越高。

冤狱的炼成，多重原因、多人接力。身为裁判官，希望不在自己手中加柴添火，更期待“借我火眼睛，还人清白身”。于法院而言，背离司法规律、放弃司法职守、退让司法底线、无视公民权利、虚化诉讼程序是根本的原因。作为社会公平正义的最后防线，对于冤假错案的炼成，法院难辞其咎。事关生命、自由、财产、尊严，不敢不慎。案涉事实、证据、法律、情理，不得不思。无论法官的生存状态如何，卷宗永久存放，良知时刻拷问，不唯上，不唯权，办好每个案件。

自尧、舜令皋陶执掌刑狱，“守望正义、护卫国法”就是法院的宗旨；辨真伪、鉴黑白、决是非就是司法的职守。事实、证据、法律是法院的法器。以证据为根基，以事实为底线，以程序为保障，回归司法规律，坚守司法底线，是减少、消除冤假错案的不二法门。刑事诉讼法不仅仅是打击犯罪法，更是人权保障法，刑事诉讼不仅仅担负追究犯罪的职能，更担当着无罪的人不受非法追诉、有罪的人受到公正追诉的功能。

相对于民事、行政诉讼而言，刑事诉讼的抗辩性更为突出和不可避免。控辩对立、裁判中立是刑事诉讼的基本构造。控辩围绕事实、证据、法律，相互对抗辩驳，裁判方审查证据确认事实适用法律依法裁判。辩护律师的介入有助于公平正义而不是相反。听取控辩意见,有理采纳，无理驳斥。辩方有理，有助于发现真相；辩方无理，有助于印证判断。程序参加者各司其职，既配合又牵制，通过理性的、具有针对性的对话、讨论、交涉、论证、辩论，得出司法决定，而不是以强力进行压制，才能避免司法擅断。控方天然抗拒辩护，但法官却不可，否则必沦为第二公诉方，炒别人的豆坏自己的锅，不值得。

充分保障当事人、诉讼参与人的法律权利，充分发挥律师在刑事审判中的辩护功能，充分认识公民权利对于实现刑事司法公正具有决定性意义。尊重诉讼程序的独立价值，遵守诉讼程序，以程序公正寻求实体公正，防止程序弱化、虚化，防止和纠正程序违法，纠正把诉讼程序简单视为办案手册的程序工具主义错误。人权保障、无罪推定不仅仅是原则口号，也是制度规则，疑罪从无而不是疑罪从轻、疑罪从挂，敢于坚持疑罪从无，坚持有罪量刑，无罪放人。排除基于刑讯逼供、暴力取证程序的违法、非法证据，慎重采信存疑证据，认真对待矛盾证据。以事实为基础，以法律为准绳，坚决排除法外因素的干预阻挠影响。

司法是利益诉求、权利表达的理性平台，是事实、证据、法律语境下相对封闭的法治空间。司法的本质是裁判，是认识，是法律适用。基于证据对诉辩主张的事实做出成立与否的认定，基于逻辑适用法律做出裁判结论。逻辑的基点应当源于案件证据，由证据认定事实，由事实及法律推导出结论。裁判的结果也必须由逻辑反向印证，必须排除一切合理怀疑。对于复杂疑难案件，对于证据相互矛盾的案件，这样双向的沙盘推演甚至需要多次。

当前刑事司法实务中仍然存在一些错误的理念：对于事实不清，证据不足的案件，通常会做出“疑罪从轻”“疑罪从挂”或发回重审的裁决，很少直接宣告无罪。未全面贯彻言词、直接原则，一审程序通过宣读侦查卷宗笔录进行，证人、鉴定人几乎从不出庭。法官通常会接受侦查终结意见和起诉意见，对被告人有强烈的有罪预断和偏见，倾向于追诉犯罪，倾向于重判，倾向于避免被告人逃脱法网。法官习惯于忽略侦查、公诉、一审等阶段存在的程序性违法行为。被告人在侦查、起诉阶段拒不认罪会成为法院从重处罚的理由。法官习惯于把审理报告写得非常详细，把裁判文书写得很简略，并经常拒绝援引、答复辩方观点，拒绝阐述裁判理由。过分追求案结事了，违背当事人意愿强行调解、和解，过于考虑案外因素。追求和谐、重伦理、轻权利、不尊重程序、诉讼运作非程序化的传统诉讼文化仍根深蒂固。制度设计虚置，无罪推定、沉默权、非法证据排除、上诉不加刑等现代刑事诉讼的一系列制度设计在理论上难以被接受，在立法中难以被确立，在实践中难以被执行。

“本门”心法，理性客观，谦抑平和。养吾浩然气，成我超然品。特立独行，不唯权，不唯上，不为强权背书，不为资本买单，不被人情绑架，不依附、隶属任何一方，不预设立场，不预想正邪，无门户之见，无帮派之分，唯理是求，唯法是从。本帮外功，博采众长，乾坤挪移。辞听两造，静观互搏，借力打力，解纷化怨是本帮之长。贴身格斗、江湖混战、死缠乱打是本帮之短。不越位、不缺位，治水而不趟水，改卷而不答题，吹哨而不踢球，解决纠纷而不是制造麻烦，是本帮的职责。司法是经验、是技能、是专业，需要时时磨砺手中的刀、胸中的剑。

正义止步，司法蒙羞，正义迷途，法律受辱。操刀必割喉，落笔千钧重。个案的实践累积点滴的进步，个案的彰显汇聚突破的能量。经由每一件案件的公正审理树立司法的权威，经由每一份厚重的裁判传递司法的理念，经由每一个法官的道德操守体现司法的品格。

（2014年2月13日 于穗）

真不是博士

——一个职业法官的那些年、那些事

经常有网友转发、评论我的博文或者私信时称呼我为博士，作为正牌学士、注水硕士，羞愧汗颜之际，觉得有必要澄清下，以免有欺世之感。

1993年我本科毕业于西南政法学院。由于家庭经济困难，放弃报考研究生。那时大学生毕业是包分配的，严格的户籍制度下，从哪来回哪去，除了极少数异地分配外，绝大部分毕业生回原籍。我回到原籍分配到了原县级曲靖市法院，然后又下放到了经济文化落后、交通不便的东山法庭，从事刑事自诉案件、民商事案件的立案、审判、执行工作兼任内勤。除了办案，以经济建设为中心的各项党委政府工作，催粮派款、刮宫引产、缉私打假、清税收贷、防火防盗、护路护矿……都得参加。计生、工商、税务、水利、农林、农村信用社，等等，有事都会来喊。出工有补贴，罚款有提成，我们也乐于参加。社会治安综合治理人人有责，我毅然加入了公安派出所的联防队，参与到抓赌抓嫖维护治安的神圣事业中。总设计师南方谈话解放思想的东风也吹到了西南。办公司、经济调解中心、有偿法律服务、法庭设到企业、与银行税务财政合办调解室、执行室，院机关也不亦乐乎地司法为民。当然这样的事情轮不到乡镇法庭，乡镇法庭仍在为了点诉讼费、执行费返还，争管辖，争执行，与兄弟庭室、上级法院抢饭吃。现在回头看，审判是副业，经济建设是主业，倒也符合党中央的政策。在乡镇四年，最大的收获是接地气，最大的困惑是太接地气。

1997年行政区划变动，撤曲靖地区行署设地级曲靖市，原县级曲靖市分设麒麟区、沾益县，县级市法院也一分为二。我分到了新设的条件较差的县法院。在经济庭、刑庭、行政庭任审判员、庭长，兼任院团支部书记、院工会委员、县共青团代表大会代表，从事民商事、刑事、行政案件的立案、审判、执行工作。2001年以无党派资深群众身份参加县人大代表选举，并在选区以高票当选。代表结构中几乎都是中共党员，为了改善代表党派结构，增加民主党派的名额，动员为数不多的党外代表加入，我加入了中国国民党革命委员会。全民办公司的乱局没有持续太久，法院逐渐走到了以审判执行为主业的正路。当然政府强拆时我们还是得冲到一线。我隶属于县治安联防大队第十四联防中队第二联防小队，第十四联防中队由县法院全体干警组成。没错，法院一直都叫干警，虽然颁布了《法官法》，评定了法官等级，说法官是文职人员，但我一直文武兼备，细活、粗活都干。配发的54式手枪直到2000年年底才缴交。暴力抗法开始出现并增多，何时开启维稳模式倒是没有印象。专升本、在职研，2000年左右刮起了文凭注水风。报考还有名额限制需单位盖章同意，从省院到中院再到基层院，从院领导到庭室领导再到普通法官、书记员，按职位高低忙着去进修。本来在县法院混，有个本科文凭足够了，然而潮流逼人，也到云南大学法学院读3个法律硕士。2004年广东省高级人民法院向全国征召法界熟练工人，我开始了职业刀客生涯。凭借基层法院刑事、民商事、行政立案，审判，执行全面的业务磨炼，依托工会、团干、人大、民主党派的社会阅历，不经意间成了以“稳、准、狠”著称的快刀手。

身为法律人，作为安身立命的根基，法律免不了要修习。在我心底，法律仅仅是混饭吃的工具，兴趣爱好在于哲学、历史、文学。作为修炼外家功夫的实战派职业杀手，一向以为工作是我师、生活是我师、书本是我师，何必读博士。2009年忽然发现周围好些朋友成了博士，也想去读个试试。法律不感兴趣，哲学容易分裂，文学是灵性不是理性，都不适合做博士研究。动物园看猴，脑海里跳出两个课题：其一，在资源匮乏生存态下，灵长类动物会不会以性贿赂换取食物；其二，灵长类动物性禁忌的血亲范围。翻一翻学科目录，这两个课题可以归入人类性文明起源研究，属于人类学课题。于是报考南方某大学人类学，简单备考，笔试第二名。面试前，教授托人传话，我在职又是跨专业读起来会很辛苦。笔试之后把书单列举的近六十本二十世纪西方人类学主要著作通读了一遍，自己比较感兴趣的问题都涨了姿势，对人类学田园考察的基本学科方式有了了解。要研究清楚猴类的性贿赂、性禁忌，需要到东南亚热带丛林观察猴类群体五十年。对美女的兴趣大大强于对美猴的兴趣，显然我不具备这个研究条件。又，人类学拿的还是法学学位。自己放弃了，终于没有去混貌似高大上的人类学。

攻读博士的行为，也就暂告一段落。

（2014年3月2日 于穗）

甲午自卖身状

因个人职业规划，拟申请辞职。最高人民法院规定，职业法官离职二年内不得以律师身份从事诉讼业务，为避免饿死街头，特于此甲午年自卖身。

此身何所有：二十年刀笔历练，二十年人生阅历，二十年社会积累。

做人的原则：忠、信、勇，行走天下。

做事的风格：操刀必割喉。

教育背景：西南政法大学法学学士，云南大学在职法律硕士，真不是博士。

执业资格：1994年律师资格、2003年法律职业资格。

职业履历：前基层法院救火队员，乡镇法庭、经济庭、刑庭、行政庭审判员、庭长，从事刑事、民商事、行政案件立案、审判、执行业务；后高级人民法院职业刀客，粤高法刑二庭、刑四庭办案法官。

社会兼职：县人民代表大会代表，县法院团支部书记、工会委员，县团代会代表，县治安联防大队第十四联防中队第二分队队员。中国国民党革命委员会广东省政治理论研究委员会委员，中国国民党革命委员会广东省委直属第三支部组织宣传委员。

我的战绩：多次粤高法四个刑庭办案冠军；多次立功受奖；四纠冤案冤狱；经办的范军盗窃案收录于《刑事审判参考》总第六十四集、《中国刑事审判指导案例（1999—2008）》第508号（1999—2008年全国总计518个刑事指导案例），在《人民法院报》《长江商报》、“人民日报海外网”、法制日报社《法治参考》、“共识网”“求是理论网”“中国长安网”、法律类微信公众号发表豆腐块若干。

自我评价：一流的人品、二流的胆气、三流的智识、不入流的文字。哲学、历史、文学、法律、实务都是半瓶醋，混在一起晃一晃还是半瓶醋。

若需进一步了解，请移步我实名新浪博客。《刀笔二十年》评鉴我法律业务，《法眼评弹》《法眼观史》评鉴我人文素养，《非法语》评鉴我文字功夫。

对买主要求：行业不限，法律优先；地域不限，广州优先。爱国、爱党、爱政府，不反共、不反华、不反体制，不勾兑、不死磕。业务立身，技术吃饭。

五毛起拍，价高者得。亲，卖身不卖艺哦。

（2014年7月19日于穗）

别了　粤法

寒露无露，国庆后的广州只微微有些秋意。上午到政治部交了离职申请，结束十年粤法生涯，结束二十年法院生涯。

1993年大学毕业我回到原籍，分配到了原县级曲靖市法院，在乡镇法庭从事刑事自诉案件、民商事案件的立案、审判、执行工作兼任内勤。1997年行政区划变动，撤曲靖地区行署设地级曲靖市，原县级曲靖市分设麒麟区、沾益县。我分到了新设的沾益县法院，在经济庭、刑庭、行政庭任审判员、庭长，兼任院团支部书记、院工会委员、县共青团代表大会代表，从事民商事、刑事、行政案件的立案、审判、执行工作。2001年当选县人民代表大会代表。2004年选调到粤法从事刑事审判业务。

书记员、审判员、庭长，科员、副科、正科,一步N个脚印。乡镇法庭、经济庭、刑庭、行政庭全面的业务磨炼，团支部、工会、人大、民主党派多样的社会兼职，十年的基层阅历锻炼了我，却又使我遇到了职业瓶颈。感谢粤法的选调，使我有幸从基层法院到省法院工作。从基层到高级，从西南山区到华南都市，感谢组织的关怀，我融入了粤法这个温暖的大家庭。感谢组织的培养，我在新的平台上，增长了见识，开阔了视野，各方面的能力得到了提高。

基层十年，粤法十年，眼光在案牍之间，关切在法律之内，从来都以业务能力自诩。不记得从何时开始，感觉越来越不会办案了。“三个至上”的逻辑体系超出了我的理解能力，政治效果、社会效果的考量溢出了立法的本意，无调不欢、案结事了、维护稳定让人无所适从。一五、二五、三五、四五，改革不止试点不止折腾不止，法官的正规化、职业化、专业化仍然遥不可及。政治学习、传达精神、粘贴心得、数据考核，与其把时间浪费在这些事情上，不如春日暖阳发呆，清风明月长啸，携酒花前共醉。

三月莺飞，四月草长，五月花红，六月果灿。人生苦短，敢不欢畅。孔丘浮游于海，庄周相忘江湖，陶潜胡不归来，李白散发弄舟，东坡乘风归去。我没有那么洒脱，只不过当职业的瓶颈遭遇慵懒的心，换个玩法。

二十年前大学毕业，同学们酒酣耳热之后各奔西东。十年前离开熟悉的工作生活环境，残醉情浓。今天再次选择，同样的我，同样的心境。

座上客半倒，杯中酒未倾。
高歌不成曲，狂言谁复听。
感君意气深，洒泪话别离。
莫问前程事，共醉只今夕。

（2014年10月8日 于穗）

沧海一声啸

本月八日递交了辞职申请，十四日获批。谁敢说组织办事效率低下，我跟谁急。

思虑已久，准备已久，收到通知时心无涟漪，不喜不泣。虽然事前已有迹象，微博早已表白，仍有同事、朋友电话短信问询。连日与朋友们小聚，醉半场，歌半场，梦半场，一觉醒来日已上三竿。

成为一名职业法官曾是学生时代的职业理想。沿着法院的等级、沿着法官的职级，基层、中级、高级最终到最高法院曾是入职时的职业追求。丰富的人生阅历，全面的业务磨砺，独立的思想，不羁的灵魂，豁达乐观、平和大度的人生态度和处世性格，从来认为自己是天生当法官的料。然而，坚守了二十年，终于不得不接受这样的现状：司法只是一个发展空间狭窄、职级待遇低下、职业尊荣不显的低端产业，付出、价值与所得不成正比，性价比极低。坚守了二十年，终于不得不接受这样的现状：没有人在乎法官的孤独、寂寞、汗水、泪水，没有人在乎法官坚守法治的心路艰难而痛苦。坚守了二十年，终于不得不接受这样的现状：多元社会结构下的多元利益表达、权利诉求远远超出了司法的能力，超出了法官的能力。

在经济、社会、文化发展水平较差的西南山区乡镇法庭四年，没有动摇过我的职业选择和职业追求。在县法院时，参加省高级法院主办的法官职业道德演讲比赛时写下："面对庄严的国徽，我们承诺，遵守法官职业道德，恪守法官职业操守，无私无畏，不偏不袒，刚正不阿，修身奉法，慎思、慎决、慎独，克私、克己、克欲。"五年前的一次主题演讲，我仍然相信："自由和人人平等的梦想需要我们去践行，社会的公平与正义需要我们去实现。建设更加公正、平等、自由的社会主义国家，我们前行。"

自己选择离开业务岗位，不再从案牍间读取现实，尝试从法律外寻觅人生，终于惊喜：司法之外，另有广阔天地。洒脱如我，居然当了二十年刀笔俗吏！洒脱如我，岂可再干二十年刀笔俗务？

沧海一声啸，江湖事未了。诗酒走天涯，夜半拭霜刀。

（2014年10月17日 于穗）

陈光中对谈刘仕毕：司法改革方向有了，但路要一步步走*

一个辞职法官，一个法学教授，业界与学界怎样看待法官职业的光环在现实中褪色?十八届四中全会决定提出依法治国理念后，法学界人士进一步探讨、触碰司法改革进程中遭遇的具体难题、困境。

对话人物

刘仕毕：1993年成为县级法院法官，10年后调入广东省高院，当法官20年。今年10月，刘仕毕“感觉越来越不会办案了”，作为法官，对其他因素的考量超过了对法律的考量，随后离职。

陈光中：著名法学家，诉讼法学带头人，中国政法大学前校

---

* 本文首发于2014年11月13日新京报11周年特刊，本文作者为新京报新媒体卢美慧、尹亚飞。

长，为改革和健全中国刑事司法制度做出了突出贡献。

法官辞职：不少离职法官是法院骨干

刘仕毕：这两年法官离职的新闻屡见报端，不少离职法官都是所在法院的骨干力量，你觉得是什么让“铁饭碗”失去了吸引力?

陈光中：这个现象确实存在，而且一定程度上有增加的趋势。待遇不高，责任重。法官们办案都战战兢兢的，压力太大，自然就有人想要离开，很多人离开去当了律师。在美国，情况完全不一样，法官一般是从律师里遴选出来的，有丰富的司法经验，钱也挣够了，然后去当法官，当法官有地位、有荣誉。

刘仕毕：你觉得“离职潮”折射的深层次问题是什么?主政者与顶层设计者从中需要考量哪些问题?

陈光中：我们说法治的稳定，除了法律本身的稳定和权威外，也包括人员的稳定。上层需要重视法官流失问题，司法改革也应着力解决这个问题。我一直主张法官收入要比一般公务员高。这几年也开始有评级和一些新办法出台，但具体的、可实施的措施还没见到，很多人等不及就走了。

刘仕毕：离开的法官多数是所在法院的骨干，我连续几年都是院里的办案能手，我非常热爱我的职业，但越来越觉得爱不动了。

陈光中：离开的确实大多数是骨干，刚才说的流失更精确地说是精英层的流失，但到一定年纪，敢换环境的都是有些本事和能耐的。

刘仕毕：一方面，新一轮改革尚在试点阶段，人事、财权不可能短时间实际变更，法官的待遇不可能突然优化。另一方面，涉法维稳工作压力大，很多非审判性的工作牵扯法官的精力，在这种大背景下，你认为官方应如何应对法官队伍精英层的流失？

陈光中：但相应的改革步伐一定要加快了，不能真等到法院没人干活了再来谈改革。

刘仕毕：现在经济发达地区一名中级人民法院的法官一年三五百件案子太正常了，这是什么概念?平均一天就要处理一个甚至几个案子，有的法官一天要开几个庭，年纪轻轻的身体都垮了，我身边的朋友好几个神经衰弱天天喊扛不住。而且，一个案子有几百案卷和有十几案卷做完获得的回报一个样。我在高院工作收入还好些，中院和地方法院的压力更大，但收入更少，法官成了办案机器，毫无尊严，我们自嘲是“法律民工”。

陈光中：这种节奏模式容易产生冤假错案。

依法纠错：以审判为中心支持法官独立判断

刘仕毕：还有就是法官要参与大量与本职工作无关的社会活动，特别是所谓进街道、社区、学校，这个和审判工作完全没关系。再有就是法官形象问题，现在推出的典型很多都是“法官妈妈”一类所谓密切联系群众，不是因为审判工作成为典型，我就好奇，我们到底需要什么样的法官。

陈光中：非审判性工作占据法官太多精力的做法不可取，特别是在法官工作压力如此大的当下。但说到官方倡导的问题，确实应围绕审判工作的核心。法官是审判案件的主体，这个不该动摇。

刘仕毕：假设您今年不到五十岁，你愿意来当法官吗?为什么?

陈光中：哈哈，我觉得这个问题倒也不绝对，我们学校前两年就有一些年轻的教授去最高人民法院，工作得也不错。当然那是最高人民法院，真正吸引优秀人才进法官队伍还要进一步增加行业吸引力。至于我个人，做学问是我的梦想。所以我可能不会去当法官。

刘仕毕：十八大后，法院系统对冤假错案集中整治，一批陈年旧案得以纠错纠偏。你如何看待错案追责制?对冤假错案，法官往往是最底层角色，这对法官是不是不公平?

陈光中：过去的冤假错案，绝大多数都不是法官个人定的，而且很多案例证明大多是当时政法委协调出来的结果。我认为现在说责任追究，应从我们正式颁布追责制度开始算起。

刘仕毕：的确，每次有冤假错案，舆论都喊着要追究，但至今也没见有哪个案子真正追究过，我觉得写上这一条主要是为了回应舆论。

陈光中：那只是一方面，更重要的是，追责制度从长远看对预防产生冤假错案有很多积极影响，而且这也是大势所趋。我们应该明确，究竟什么样的错案要追究。我个人认为应当被追责的主要有两类，一类是枉法裁判，故意办错案，因受贿或人情关系而出现的错案一定要追责;另一类是渎职，法官对工作极端不负责任，疏忽大意，该查的没查、该看的没看，造成不好的后果也必须要追责。

刘仕毕：非主观意识犯错的话不在此列。

陈光中：如果一位法官做完所有该做的工作，虽然案子最后出错了也不能追究。一个法官总要有自由裁量权吧，我们说要以法官为中心、以审判工作为中心，法律也支持他独立判断。可人不是神仙，焉能无错，这种情况下法官出错误，就不该追究。

刘仕毕：所以要有一个法官职业保障制度，把所有可能的情况都细化和制度化，优化法官的执业环境，让他们没有后顾之忧，不然法官得成惊弓之鸟、没人敢办案了。

陈光中：让法官提起笔来都哆哆嗦嗦，要求他们绝对不能犯错，这完全违背常识。

干预司法：不能把法院楼交给政府盖

刘仕毕：从十八届三中全会后，新一轮司法体制改革的大幕拉开，上海等地率先开展改革试点工作。今年7月最高人民法院公布“四五改革纲要”，刚结束的四中全会做出了全面推进依法治国若干重大问题的决定，可以说新一轮改革的框架、目标、方向基本成型了。

陈光中：能够看出高层推进司法体制改革，建设现代法治国家的决心。但有了这个框架，具体改革怎么开展，推进效果如何，还要静观其变。

刘仕毕：问题应该不少。一线法官比较关心改革中的人员分类管理中的法官员额制，“四五改革纲要”提出的目标是“健全法官、司法辅助人员、司法行政人员各自单独的职务序列”，这里面又涉及法官任职资格问题。

陈光中：前两天我刚从上海开会回来，他们试点后反馈提得最多的就是法官比例的问题。按试点要求，法官比例只能占到

30%，但现在法院普遍超员，很多行政人员占着法官的名额，这部分人怎么改革，很棘手。还有，法官助理划为司法辅助人员，这部分人年轻、学历高，是法院办案主力和骨干，也是未来法官主要的人才储备。改革要考虑这部分人的积极性。

刘仕毕：但法官定额是大方向。

陈光中：定额非常重要，只有定额才能保障法官、检察官的精英化，才能把待遇真正提上去。上海在尝试，新进人员不再从书记员干起，实习过后就可当助理，之后条件符合的可直接晋升法官。跟过去书记员、助理审判员、审判员、副庭长、庭长的培养方式区别开来。

刘仕毕：另一项备受关注的是“省以下地方法院、检察院人财物统一管理”，这跟法官待遇直接相关，也关系着去地方化是否能落实。

陈光中：根据上海试点的反馈，人财物统一管理他们提的不多，阻力是一定的。现在还在试点阶段，具体内容也不好讲。但习总书记讲话，省级以下的归省级管理，这不是改革的终点，而是依照现有条件先改到这一步。再有就是上海经济发达，在上海试点不等于全国都能推行。因为经济发达，上海改革可能阻力小一点，上层应该是这么考虑的。应该再找穷一点的省试点，看看真实情况是怎样。我认为，中央要逐步加大司法经费的拨款力度，为以后进一步改革铺路。真正实现依法独立公正行使审判权、检察权，就不能把法院的楼交给政府盖。

刘仕毕：经济上自己当家做主才能排除地方化的干扰。四中全会的决定里特别提到，要建立领导干部干预司法活动、插手具体案件处理的记录、通报和责任追究制度。

陈光中：此举要解决的是领导非法干预的问题。理想状态当然干预越少越好，但依照具体国情，一些特别重大案件，像薄熙来案，涉及面非常多，还是需要有部门或机构出来协调，重点是保证这种协调要在法律框架内。

任职资格：行政让位是司改成败关键

刘仕毕：法院院长的任职资格此轮司改并未提及，不少法律界人士颇为失望，社会上关于非法律专业人士主政法院的批评也从未断绝，阻力在何处?

陈光中：有个例子，浙江上个月拟任命一个县委书记当地方中院院长，舆论反弹很大，非常不支持。

刘仕毕：法律界就更不认可了，法官或法院院长应当具备什么资格应有个标准，不能上头说指派一个人来，就来领导法官们了，外行领导内行完全不能服众。特别是没有任何法学背景的人，我们底下的人都要问句“凭什么”。

陈光中：所以虽然纲要和决定里都没有提到这一点，未来改革也要特别注意这一点。像现在周强和曹建明他们都是科班出身，他一说话你就知道他是不是内行，很多工作都好开展，地方上应该借鉴这样的经验。

刘仕毕：是，法院院长不是一个官职，而是法律权威的代表，应该有任职资格。新一轮的司改也确立了法官逐级遴选制度，是保障权威性的举措。之前存在这样的问题，比方说我们一所学校毕业，我去了地方法院而你去了高院，几年之后我就得听你的，那我肯定就有意见，还是那个“凭什么”的问题。

陈光中：逐级遴选制度就是为缓和这个矛盾。还有一点，四中全会的决定里提到“畅通立法、执法、司法部门干部和人才相互之间以及与其他部门具备条件的干部和人才交流渠道。”外行可能觉得这没什么，但这里提到的换岗和司法队伍的稳定性怎么结合?执法岗位一般就是行政岗位，他们不需要司法考试的。我心存疑虑，司法人员现在要过司法考试和公务员考试两关，执法人员不需要，这中间怎么衔接，搞不好会起副作用。

刘仕毕：正规化、专业化、职业化法治队伍的建设任重道远，细节问题有很多。在新一轮司改中行政力量能否让位，是司法改革成败的关键，成败还要看以后的推进情况。框架已定，陈老对未来的改革前景乐观吗?

陈光中：从决定的内容看，许多内容比我之前想象的规定得细致，有超乎想象和惊喜的部分，当然也有需要仔细斟酌的部分。但改革是一步步来的，关键还是之后的路怎么走。

★同题问答

（1）2014年，你个人最大的变化是什么?

刘仕毕：离职，离开呆了二十年的法院系统。真正离开了，才发现司法之外有广阔天地。当法官时，我有意回避一些应酬和交际，因为担心影响工作。现在没这方面的顾虑，诗酒江湖，快意恩仇，日子洒脱太多了。

（2）2014年，国家和社会层面你感受到的最大的变化是什么?

刘仕毕：今年5月份我发了个微博：天气反常，事件多发，翻了翻年历，原来是甲午年。有网友调侃我是唯恐天下不乱，其实没有，历史上的甲午年都是大变革、大转折发生之年，这个甲午也不例外。

（3）你对国家未来最迫切的期待是什么，在你看来这种期待大概需要多久能实现?

刘仕毕：最大的期待还是现代法治国家的建成吧，读书人总喜欢说一些“大词”，我希望国家的未来图景是“宪行天下、法治中华”，法律能够获得权威和尊严，而不是随便为权力所左右。

（4）如果幸福指数从一到十，你给现在的自己打几分，为什么?

刘仕毕：8.5分。我还是对比着来说，我给过去的生活打8分，毕竟二十年的时间，职业情感在那里，而且说法官惨，总是比上不足比下有余的，我很感激过去的经历。至于多出的0.5分，就打给自由和志趣吧。

上层需要重视法官流失的问题，司法改革也应着力解决这个问题。我一直主张法官收入要比一般公务员高。这几年也开始有评级和一些新办法出台，但具体的、可实施的措施还没见到，很多人等不及就走了。（陈光中）

正规化、专业化、职业化法治队伍的建设任重道远，细节问题有很多。在新一轮司改中行政力量能否让位，是司法改革成败的关键，成败还要看以后的推进情况。（刘仕毕）

从法律的城到资本的海

——我的新欢旧爱

卖身半年，离职两月。感谢熟悉的、陌生的、法界的、跨界的朋友们伸出温暖友爱的手。法律说“我给你底薪”；地产说“我给你底薪加提成”；传媒说“我给你平台”；互联网说“我给你平台加概念”；金融说“我让你拥抱”。于是，我跃入资本的海，伴随我的新欢——金瑞泰金融控股集团弄潮。

法律是一座城，壁垒森森。封闭的职业体系，严格的职业门槛，小众的职业圈子，与权力共舞，与威势同存。法律的场域是利益诉求、权利表达的理性平台，是事实、证据语境下相对封闭的法治空间。法律的面孔是抽象的法理、枯燥的法条、严谨的逻辑、冰冷的规则、繁复的程序。法官、检察官、警官、律师、当事人，鲜活的个体被面具化。法律行为、法律关系、法律责任，鲜活的社会生活被概念化。正义、公平、秩序，华丽堂皇的词藻下掩盖着人性。或者在权力的阶梯上享受成就感，或者在权力的淫威下叹息着被虐。多少法律人在法律的城里失了初心。

资本是一片海，烟波浩浩。货币是天生的平等派，同等值的货币要求得到同等的权利与对价。资本是天然的进取者，逐利如水，追逐利益的同时填平价值的马里亚纳海沟。创造财富、分配财富、管理财富，资本强力推进科技、管理、商业模式，也悄然触碰着政治、社会。无个性就是资本最大的个性。平等的个体之间平等的交流，自由的个体之间自由的沟通，相互尊重，稳定预期，用你的价值换取我的价值，资本承载着权利、尊严、意思自治、责任自负。

法律锋锐如刀，凛然难犯。资本平静如水，人或轻侮。或者追求无风险套利，或者寻求低风险较低收益，或者豪赌高风险高收益，资本的海里，演绎着人性。贪婪与恐惧掀动资本的风波，资本的风波又放大贪婪与恐惧。法律事务需要专业打理，管理财富，让财富保值增值，与市场决战，与通胀赛跑，同样需要专业打理。土豪，有钱也不能任性。你需要顺应新常态下的经济增长，你需要在转型升级市场战中生存壮大，你需要避免各种投资陷阱。土豪，我们金瑞泰金融控股集团不仅是你的朋友，更是你财富的守护神聚宝盆。专业、专心、专注、专致，我们为您提供资本市场全方位的金融服务。

转身、跨界、尝试、超越，这正是我要的人生。

在资本的海里回望法律的城，那里有我的梦想、我的奋斗、我的青春；在资本的海里回望法律的城，那里有我二十年的职业积累，二十年的职业情感；在资本的海里回望法律的城，这份爱已经渗入我的骨髓嵌入我的魂。法律，我会回来的，不远的明天。

（2014年12月19日 于穗）

抗辩与公正

——公民权利对实现刑事司法公正的决定性意义

司法的真正危险在于对合理改革的胆怯抵制，对法律陈规的顽固坚持。❶

“公正、廉洁、为民”是人民法院的核心价值理念，是人民司法事业的永恒主题，是人民司法的本质要求。

“公正、廉洁、为民”的核心价值理念体现于刑事司法中就是打击犯罪与保障人权的统一。

一、当前刑事诉讼中存在的突出问题

我国刑事诉讼取得了长足的进步，但仍存在一些不尽如人意之处。

---

❶ ［美］罗斯科.庞德.普通法的精神［M］.唐前宏，等，译，北京：法律出版社，2000：8.

1.侦查阶段存在的问题

对刑事案件不破不立，对立案前的强制性侦查活动缺乏法律制约。

案件侦破依赖取得犯罪嫌疑人的有罪供述。有罪供述不仅是证据之王，甚至是证据之源。

侦查机关有意识地限制辩护律师的权利，习惯于对犯罪嫌疑人采取羁押措施。

刑讯逼供、违法取证、超期羁押、剥夺辩护律师权利、侵吞扣押款项等问题未得到有效根治。

2.提起公诉阶段存在的问题

公诉机关和公诉人有强烈的追诉犯罪并获得胜诉的欲望，并会竭力阻止法院做出无罪裁判。

对于事实不清、证据不足的案件，检察机关更愿意采取撤回起诉的做法，极力避免法院宣告被告人无罪。

控方对辩护律师有强烈的敌视态度。

检察机关会针对法院的无罪判决或罪轻判决提出抗诉，几乎不会为被告人的利益提出抗诉。

检察机关权力膨胀，谁来监督监督者？对监督机构的再监督仍是难以解决的重大问题。

3.审判阶段存在的问题

对于事实不清，证据不足的案件，法院通常会做出“疑罪从轻”或发回重审的裁决，很少直接宣告无罪。

未全面贯彻言词、直接原则，一审程序通过宣读侦查卷宗笔录进行，证人、鉴定人几乎从不出庭。

法官通常会接受侦查终结意见和起诉意见，对被告人有强烈的有罪预断和偏见，如果辩方提不出充足的无罪证据，将难以说服法官接受无罪辩护意见。

法官倾向于追诉犯罪，倾向于重判，并竭力避免被告人逃脱法网。

案件裁判结论并不产生于法庭审判过程中，几乎所有案件都须经过内部审批，定期宣判是常态，当庭宣判极为罕见。

习惯于忽略侦查、公诉、一审等阶段存在的程序性违法行为。

被告人在侦查、起诉阶段拒不认罪会成为法院从重处罚的理由。

合议庭合而不审，往往由承办法官独立完成阅卷、审讯、庭审、汇报、文书制作等全部工作。

法官习惯把审理报告写得非常详细，把裁判文书写得很简略，并经常拒绝援引、答复辩方观点，拒绝阐述裁判理由。

司法行政化有强化趋势。内部层层审批的做法不但未弱化，相反不断强化。审判分离，审者不判，判者不审的做法仍在延续。

追求案结事了，违背当事人意愿强行调解、和解，过于考虑案外因素。

不完善的案件绩效考核、质量评查、错案追究等制度，法官的工资福利、业绩考核、职务晋升与案件挂钩，使法官与案件裁判结局存在一定的利害关系。

杜培武、赵作海式的错案仍时有发生。

旧有的问题未得到缓解，又出现了法检关系紧张，律师调查取证、阅卷困难、侦控与庭审脱节等新问题。

司法公信力、司法权威性不但未得到提升，相反呈下降趋势。普通民众对司法公正程度评价极低，司法公正遭受前所未有的质疑。

二、造成刑事司法突出问题的原因分析

造成刑事司法突出问题的原因是多方面的，既有诉讼文化的影响，也有司法理念的滞后，更多的因素则是制度设置不完善。

传统诉讼文化追求和谐，重伦理，轻权利。以实现“无讼”[1]为治国目标。民众形成厌讼、息讼的生活习惯和思维定式。劝讼、止讼、息讼也成为官府官员的重要使命和断案宗旨。

司法传统不尊重程序，诉讼运作非程序化，未形成相对独立的法律职业阶层。[2]

制度设计虚置，无罪推定、沉默权、非法证据排除、上诉不加刑等现代刑事诉讼的一系列制度设计在理论上难以被接受，在立法中难以被确立，在实践中难以被执行。

司法理念陈旧，国家本位、权力本位、义务本位理念盛行，渗透于制度，外化于实践。极其强大的国家权力下，公民成为国家实现社会控制目标的工具，司法机关滥用权力现象严重，公民权利得不到确实保障，造成了权利与权力的紧张与对峙。

---

[1] 孔子：《论语.颜渊》，“听讼，吾犹人也。必也使无讼乎！”

[2] 胡旭晟.试论中国传统诉讼文化的特质[J].南京大学法律评论，1999年春季号：114-115.

三、抗辩性是刑事诉讼的重要特征

抗辩性是指在诉讼活动中应给予参与主体以充分的机会进行对抗和辩论，以称述己方主张，反驳对方观点。[1]

司法是涉及国家权力、涉及国家与公民关系的一种实践形态。司法权存在的基础在于为各种各样的权利提供最终的救济机制，为各种各样的国家权力施加特殊的审查和控制机制。[2] 司法是权利的庇护者。[3]

司法程序具有典型的三方构造形态：控辩双方面对面地以理性的论证、辩论、说服、协商、交涉的方式进行集中的对抗，裁判者代表国家参加并主持裁判，在听取和采纳双方证据、意见的基础上做出裁判，做出权威和最终的结论。

司法程序应当以参与者为主体而加以架构，任何一个程序参与者都应当有权对程序施加自己的影响，越是利益受损害者、受影响者，其参与程序的权利就越应当受到保障。

刑事诉讼的结果关系公民的生命、自由、尊严、财产、资格。相对于民事、行政诉讼而言，刑事诉讼的抗辩性更为突出和不可避免。控辩双方在根本利益上具有对立性，对于事实认定、证据采信、法律适用，控辩双方会展开激烈的对抗与辩论，也只有在双方充分表达主张的基础上，法官才能明辨是非。程序参加者各司其职，既配合又牵制，通过理性的具有针对性的对话、讨

---

[1] 吴卫军.刑事司法的理念与制度[M].北京：中国检察出版社，2004:84.

[2] 陈瑞华.程序性制裁理论[M].北京：中国法制出版社，2005:203.

[3] [德]拉德布鲁赫.法学导论[M].北京：中国大百科全书出版，1997:100.

论、交涉、论证、辩论，说服，得出司法决定，而不是以强力进行压制，才能避免司法擅断。如果法官有权拒绝听取当事人陈述，有权拒绝回应当事人的诉求，有权拒绝说明裁判的理由，那么司法腐败将不可避免。

四、公民权利对实现刑事司法公正的决定性意义。

现代宪政理念认为，法治宪政国家中，公民权利是国家权力的来源。个人不再是国家实现社会政策的工具。国家权力只有在必要时才能介入对公民社会的干预。国家权力本身也必须受到公民社会以及相对中立的司法机关的监督和制约。

刑事诉讼在实现打击犯罪的社会控制功能的同时，也被赋予了限制国家权力，保障公民权利的功能。原来扮演刀把子、枪杆子工具功能的刑事诉讼制度和诉讼模式，也将进行功能转换与模式转型。

刑事诉讼直接体现公民权利与国家公权力的对抗，且在力量对比悬殊的情况下进行。控方拥有强大的政权力量，可以使用一切必要的强制措施和侦查手段，公民权利极易因国家权力的不正当行使而遭受侵害。以社会控制为最高目标的刑事诉讼制度已不能满足形势和需要。正义、理性的程序应当是我国刑事诉讼程序的目标定位。

公民个人主体地位和基本权利不仅得到法律的承认和认可，也有了现实的物质基础，处于复杂多样化的社会关系中的个体，基于对自身合法权利的维护以及对未来的稳定预期，对社会最后一道防线和正义守护者的刑事诉讼寄予了更高的期望。随着公民权利观念和法律意识的觉醒，公民为权利而斗争的实践也随之增多。民众不愿意只是强大国家机器面前的玩偶，也不再甘心成为司法程序中被任意处置的客体和对象。

司法权运作的全部出发点和归属应当体现民众的意愿，服务于社会大众，不能为片面追求司法权威而将社会公众拒之门外，阻碍公民接近、利用并参与诉讼活动的权利。只有当事人才是自己利益的最佳判断人与决策者，司法机关只有通过维护、尊重当事人的选择形成理性的诉讼结构，才能提高判断的正当性程度。

通过正当的司法程序，当事人的主张和异议得到充分表达，各种相互冲突的价值观念和利益诉求得到综合考虑和权衡，缩小了事后怀疑和抗议的余地。法官没有理由比当事人本人更关心自己的利益。不顾当事人意愿而强加于人的做法，是警察国家特征的表现。只有在刑事诉讼中充分尊重公民权利，使利益可能受裁判结果影响的人受到公正的对待，才能实现刑事司法的公正。

近年来人民法院司法改革，因脱离公民的参与，脱离刑事司法制度整体转型，脱离与公安、检察机关的同步进行，脱离整个国家宪政架构的重组，改革措施未得到社会接受和承认，改革成效未达到预期目标。

五、增强抗辩性，保障公民权利，实现司法公正

实现从司法机关主导向诉讼当事人主导的转变，以及权利对权力、权力对权力的有效监督和制约。

用权利本位观念反思现行各项诉讼制度，修改、完善、废止明显不恰当的规定。重新架构侦查、检察、审判机关权力划分与

平衡，重新架构法院内部权力结构。

充分贯彻实施言词、直接原则，平等对待当事人，为诉讼各方创造平等参与并表达意见的机会。赋予诉讼各方平等的陈述权、反驳权，不允许压制、限制、剥夺任何一方的权利和机会。限制法院依职权改变起诉指控的罪名和指控的事实范围。不得对案外人的财产或权利做出裁决。保障当事人在裁决前能够充分、及时、正确提出诉讼材料、陈述意见、进行辩论。明确规定限制当事人表达意见是程序违法事项，是发回重审的法定理由。司法判决必须对当事人及律师的意见做出事实和法律的评价，必须回应当事人的辩论意见。

反对自证其罪与非法证据排除。明确沉默权，确立并扩大非法证据排除规则，将不具有可采性或证据能力的证据扣除于外。我国现行的证据排除规则仅仅适用于非法取得的言词证据，而不适用于非法取得的实物证据，仅仅适用于刑讯逼供等排除规则不仅仅用于排除作为非法侦查行为直接结果的非法证据，还适用于由违法行为所间接派生出来的证据。[1]

保障普通民众接近并利用司法机关的权利；保障普通公民对刑事审判权行使的直接参与；维护当事人在刑事诉讼程序中的主导地位；在司法活动中尊重当事人的选择权，如认罪。

实现民众对刑事诉讼中公权力行使的有效监督。首先体现为当事人的监督，以权利制约权力。自觉接受社会传媒、普通民众的监督。

---

[1] 参见[德]克劳斯.罗科信:《刑事诉讼法》（第24版），中译本，第210页。

参考文献：

[1]左卫民.价值与结构——刑事程序的双重分析[M].成都：四川大学出版社，1994.

[2]王利民.司法改革研究[M].2版.北京：法律出版社，2001.

[3]（日）谷口平安：《程序的正义与诉讼》，中国政法大学出版社1996年版。

[4]熊秋红.转变中的刑事诉讼法学[M].北京：北京大学出版社，2004.第1版。

[5]彭海青.刑事诉讼程序设置研究[M].北京：中国法制出版社，2005.

借我火眼睛，还人清白身

作为一个曾经的职业刀客，在刑事审判生涯中四纠冤错案。因为前几年的司法环境，合议庭宣告无罪的处理意见都被弱化为发回重审，由一审法院自行纠正或公诉机关撤回指控。也因为前几年的司法环境，未作任何外部的宣传。浙江张高平、张辉冤案披露后，写了几句随想，有网友质疑我站着说话不腰疼，哥是个貌似平和的人，把这四个案件整理下，证实哥腰间也曾挂菜刀两把。顺便把一些办案中的体验，与年轻的刑事法官分享。

逻辑基点应当源于案件事实　裁判结论必须排除合理怀疑

——冷某某故意杀人案

一、背景

本案是一起故意杀人案件，曾经高级人民法院审理后发回重审。第一次重审意见认为，没有客观证据证实被害人是冷某某杀害，现场勘查和尸体检验没有任何指向冷某某的证据，存在与常理不符的情形，冷某某供述真实性存疑，被害人身份不明。本案达不到证据确实、充分的标准，无法定案。一审法院在重审期间，未能补充新的证据材料，未对本院发回重审函提出的问题做出回应，仍然做出重罪重刑判决。二审审查时，合议庭列举出五个方面二十多个小问题。

二、重审情况

S市中级人民法院重审认定事实与原一审认定事实一致：被告人冷某某原系S市某街道某城中村一栋居民楼管理员。2008年12月8日15时许，冷某某来到501号房向绰号“小红”（具体身份不详)登记身份证时，双方发生争吵，继而打斗，在打斗过程中，冷某某掐住“小红”的脖子直至其断气才放手。冷某某发现“小红”死亡后，肢解了被害人的尸体，将手臂、小腿等尸块装进一个印有“南方商场”字样的白塑料袋子，抛至天台之上，用破床垫掩盖住；将躯干部分尸块用红色帆布袋装好后，抛至天台右边墙边水表处；将大腿等部分尸块及被害人所穿的牛仔裤抛至天台水表另一边后，将天台门锁好离开。冷某某将被害人的头颅用一个印有“南方商场”字样的白塑料袋装好，外套一红色米袋，抛至附近一条河河床草堆中后离开。因管理不善，出现亏损，房东冼某某解除了冷某某的管理职责，2009年2月10日，冷某某将管理工作移交给刘万某。2月24日，刘万某和牛某某在清理天台时发现尸块后报警。公安人员通过对尸块腐烂情况进行检测，确认死者死亡时间为距初检时间（2009年2月24日20时）

三十天以上，遂找来当时管理该栋房屋并唯一有打开天台门钥匙的冷某某进行询问。冷某某在询问时，交代了杀人的犯罪事实，并供述抛弃被害人头颅的地点。民警根据冷某某交代，安排巡防员在茅洲河边找到被抛弃的头颅。经DNA检测，该头颅与在天台上发现的尸块基因型一致。经法医检验鉴定，未知名女性被害人系被他人阻塞呼吸道致机械性窒息死亡。

原判认为，冷某某因琐事故意杀人，手段残忍，其行为已构成故意杀人罪。冷某某的数次供述中均承认其杀害被害人“小红”并分尸、抛尸的事实；多名民警证言及公安机关破案报告、提取笔录证实，根据冷某某供述找到被害人“小红”的头颅；证人刘万某、冼某某证言证实，在案发时只有冷某某有天台门钥匙，事后冷某某迟迟不肯移交天台门钥匙；以上证据在诸多细节上相互印证，并与鉴定文书、现场勘验检查笔录、被告人冷某某现场指认录像等其他证据在作案时间、如何分尸、尸块摆放位置、包装尸块物质等方面相互吻合，足以认定被告人冷某某实施了故意杀人并分尸、抛尸的行为。依照《刑法》第232条、第57条1款、第61条、第64条之规定，以故意杀人罪判处冷某某无期徒刑，剥夺政治权利终身。

三、二审审查情况及分析意见

经审阅卷宗材料，讯问冷某某，合议庭认为，原判事实不清，证据不足，不足以认定冷某某故意杀人，不能排除他人作案可能。

（一）尸源不明，死者身份不明，社会关系不明，生前活动情况不明

（1）死者的姓名、年龄、身高、衣着、体态、籍贯等基本身份情况不明。

（2）死者的婚姻状况、家庭情况、主要联系人、职业、经济状况、与他人有无仇怨等社会关系不明，没有证据证实死者为卖淫女。

（3）死者生前居住场所、活动情况不明，同楼租户及附近居民未能提供死者生前活动情况，没有证据证实死者生前曾居住于该出租屋。

（4）死者的死亡时间、死亡原因不明。

（5）S市是移民城市，当地居民多为非户籍人口，来自全国各地。侦查机关仅在案发地粘贴纸面认领尸体公告，未穷尽侦查方式确认死者身份。

（二）没有任何客观证据指向冷某某

没有目击证人，没有血迹、毛发、指纹、足迹等痕迹物证。不能确认死者被杀害的地点，不能确认死者被分尸的地点，不能认定杀人分尸的作案工具，不能确认死者死亡原因。

（1）侦查机关在冷某某供述的杀人现场、分尸现场未找到血迹、毛发、指纹、足迹等痕迹物证，不能确认该场所是杀人、分尸现场。

（2）侦查机关在出租屋一楼垃圾堆处提取的菜刀，未检出人血，更未检出死者或冷某某的血迹；没有证据证实冷某某曾使用过该把菜刀，更无证据证实冷某某使用该把菜刀杀人分尸。

（3）法医鉴定称，尸块高度腐败对死亡原因判断造成困难。不能排除其他死亡原因。

（三）被告人冷某某在侦查阶段的供述不稳定，存在疑点，且无其他证据相印证。

（1）冷某某在侦查阶段供述不稳定。

经查，冷某某在2009年2月24日否认犯罪；2月25日22时供述在503房杀害刘某某；2月26日12:05—14:45、14:55—15:27、23:30—27日01:50供述杀害卖淫女小红。以上笔录均在派出所取得。3月2日侦查机关提审冷某某，未作笔录。冷某某声称，当时再次提出无罪的辩解。侦查机关称，3月2日仅讯问被害人身份，冷仍称死者是小红，故未作笔录。

（2）冷某某供述存在程序瑕疵。

经查，侦查机关于2010年2月24日留置冷某某，26日拘留，27日送交看守所，期间一直在派出所接受讯问，违反公安机关关于刑事案件程序规定。冷某某在派出所羁押期间是否能正常饮食、休息？不能排除逼供、诱供可能。冷某某的有罪供述均在派出所羁押期间取得。

（3）冷某某曾供述杀害刘某某，尸体是刘某某。但经查证，刘某某在贵州老家生活，未死亡。

（4）冷某某供述，死者是租住于501房的卖淫女小红。

没有证据证实死者是小红，没有证据证实死者是卖淫女，没有证据证实死者居住于501房，没有证据证实501房有住户居住。

（5）冷某某供述，因找小红登记身份证未果而杀害小红。该作案动机、目的不合情理。

（6）冷某某供述杀人分尸后抛弃于天台。

该天台面积狭小，无花台、植被等障碍物，尸体腐败后即易被发现，后任管理员和环卫工人到天台打扫卫生就发现了尸体而报案。如果冷某某把尸体放置于其控制的区域，有充足的时间、条件抛弃隐匿尸体，长达二个半月未作进一步处理，房东通知其与后任管理员交接钥匙，其间有十余天间隔，在十余天时间内亦不做进一步处理，不合情理。

（7）冷某某有正当职业，在附近工厂打工。其供述2008年12月8日15时许杀害小红并分尸抛尸。侦查机关未查证冷某某在案发当天是否在工厂上班，有无作案时间。

（8）冷某某详细供述了抛尸的包装袋细节，包括包装袋上的字样。

按冷某某交代作案的时间与被抓获的时间间隔两个多月，其准确供述包装袋字样，不合常理，结合冷某某在派出所接受讯问，不能排除侦查机关诱供可能。

（9）冷某某案发后无异常行为。

经查，冷某某有正当职业，有稳定住所，冷某某一直居住生活于原住所，仍在原工厂内务工，后任管理员通知其到现场时也及时赶往现场，无反常行为。

（10）冷某某供述，作案后把死者的衣物扔于楼梯口。

负责打扫该栋房屋的环卫工厂否认曾在楼梯口发现衣物并拒绝作笔录。

（11）冷某某供述，在503房拿菜刀分解尸体，分尸后又把菜刀放回503房，该菜刀是原住户刘某某留下的。环卫工人称，在503房内见到该菜刀，后拿到楼梯口，菜刀上灰尘少于其他物品。

刘某某未证实遗留下哪些生活用品在503房内。作案后未抛弃菜刀而放回原处，不合常理。菜刀上灰尘是否少于其他物品上的灰尘仅为环卫工人主观判断。侦查机关仅以环卫工人认为菜刀上灰尘少于其他物品就认定菜刀被使用清理过，依据不足。

（12）冷某某供述，把分尸时穿的血衣抛弃于头颅不远处。

侦查机关未能提取到血衣。

（13）冷某某供述，与小红争执，掐住“小红”的脖子致死亡。

死者左额部有可疑皮下出血,牙齿松动,上颌双侧中切牙、右侧侧切牙、左侧第一前磨牙缺失。侦查机关未查证以上损伤何时形成，如何形成?

（四）本案现有证据不能确认冷某某是唯一有天台钥匙和唯一能够前往天台的人

（1）冷某某称，房东冼某某只交给其一把天台钥匙，冼某某称，把天台全部钥匙交给了冷某某，二人的陈述不吻合。

（2）冷某某称，在其管理该栋出租房前，冼某某曾聘请他人管理，冼某某称，冷某某是第一个受聘管理出租屋的人，二人的陈述不吻合。

（3）冷某某称，在管理出租屋期间，因有住户到天台晒衣物，曾把天台钥匙借给他人使用。

（4）冷某某称，为方便租户，天台有时是开启的。

天台是否一直闭锁？通往天台的门锁有几把钥匙？房东冼某某是否把全部钥匙交给冷某某？冼某某自己是否还持有钥匙，是否交给其他人钥匙？其他人是否从冷某某处配制钥匙？如果没有钥匙能否以其他手段打开门锁进入天台？现有证据不能排除他人进入天台的可能性。

（五）关于死者头颅是先证后供还是先供后证

原判认定，侦查机关根据冷某某的供述查找到死者头颅。冷某某称，不知道侦查机关在何处找到死者头颅，被侦查机关强迫指认所谓的“现场”。

现有证据难以认定侦查机关根据冷某某交代查找到死者头颅，不能排除侦查机关在现场周围排查查找到死者头颅的可能。

（1）提取笔录证实，侦查机关于2009年2月25日13时发现死者头颅。侦查机关2010年5月18日情况证明（一审法院卷P17）称，2009年2月24日21时许留置冷某某，2月25日14时发现头颅，2月25日22时冷某某交代了杀人的犯罪事实。

侦查机关2010年12月7日破案经过、第一次发回重审后侦查人员出庭作证称，冷某某于2009年2月25日上午交代杀人抛弃头颅的犯罪事实。

（2）卷宗材料记载，侦查机关于2009年2月24日21:30—23:40讯问冷某某，冷无罪辩解，25日22:05—23:45讯问冷某某，冷第一次交代杀人抛尸。讯问笔录的记载与侦查机关2010年5月18日情况证明相符合，与侦查机关2010年12月7日破案经过和办案民警庭审证言相矛盾。

经查，侦查机关前后证明材料不一致，侦查机关未做出合理解释，且2010年12月7日出具的证明材料及侦查人员出庭证言与卷宗内书证相矛盾。

（3）冷某某未供述抛弃头颅的具体地点。

经查，冷某某虽曾做出有罪供述，但其从未交代出具体位置，结合冷某某长期生活居住于该处，其对抛弃头颅的地点供述可疑。

（六）原判定罪证据分析

原判认定冷某某故意杀人主要依据两点：其一，冷在侦查阶段的供述。其二，侦查机关根据冷某某供述查找到死者头颅的证明和侦查人员出庭证言。

经查，冷某某在侦查机关的供述不稳定，有疑点，无其他证据相印证，存在诸多不合情理之处，侦查机关羁押讯问程序有瑕疵。侦查机关对于先供后证还是先证后供的前后两次证明不一致，与卷宗材料反映的情况不一致，结合其他证据情况，难以判断侦查机关情况说明和侦查人员出庭证言之真伪。原判定罪的两个逻辑基点，其一，冷某某是唯一能够进入天台的人，其二，侦查机关根据冷某某的供述查找到死者头颅，均经不起质疑和推敲。

侦破本案的前提在于查清尸源，确认死者身份和社会关系、生前活动情况，侦查机关仅在案发现场张贴告示，忽略了S市是国际化城市，其居住人口来自全国各地的特点，侦查机关未穷尽本案侦查手段，草率结案。

四、处理情况及后续花絮

（1）合议庭认为,本案事实不清，证据不足，不能排除他人作案的可能，不足以认定上诉人冷某某故意杀人。依照《刑事诉讼法》第189条第（2）项之规定，拟判决撤销原判，宣告冷某某无罪。

领导审批意见：鉴于S市正值国际大型运动会期间，直接宣告无罪易引发媒体炒作，影响S市形象，以发回重审为宜。

合议庭函件明确要求：二审审查意见知会公诉机关、侦查机关，注重客观证据审查，排除证据之间的矛盾。为防止一审法院以技术手段规避二审，此案不得指定基层法院审理。

（2）一审法院收到裁定后，知会公诉机关、侦查机关，公诉侦查机关采纳了二审审查意见，公诉机关撤回指控。

（3）对于二审审查意见中提出的关于死者头颅是先证后供还是先供后证的问题。经检察机关查证，该案办案民警在案发附近沿河床搜索找到死者头颅在前，冷某某交代所谓故意杀人分尸、抛尸在后，侦查机关2010年12月7日出具了虚假证明，两名办案民警一审出庭出具了虚假证言。

（4）此案杀人分尸、抛尸，如果罪名成立，判处无期徒刑偏轻。一审第一次即判处无期徒刑，明显是对证据把握没充足的信心，也明显是侥幸被告人不上诉时，避免死刑死缓复核审。发回重审后，一审法官居然未提交审判委员会讨论，未提交庭长审批，把此案作为普通案件对待。在讯问笔录记载的时间、警方两次证明、办案民警出庭证言相互矛盾时，未采信书证而采信了民警的证言。在理想化的司法环境中，审判委员会制度、案件审批制度的存在及机制值得商榷，但在现实的司法环境下，只要应用得当，是法官自我保护、分散责任的有力工具，须善用之。

五、法官丝语

（1）刑事审判是法院的刀把子，必须做到例无虚发，避免冤狱。逻辑的基点应当源于案件证据，由证据认定事实，由事实及法律推导出结论。裁判的结果也必须由逻辑反向印证，必须排除一切合理怀疑。对于疑难复杂、被告人及辩护人提出无罪意见的案件，对于证据相互矛盾的案件，这样双向的沙盘推演甚至需要多次。

（2）无头尸无头案，稍不留神就成葫芦判。对于刑事法官而言，每个案件都是挑战。

侦控证据意识薄弱 审讯程序瑕疵难补

——贺某故意杀人案

一、背景

被告人贺某有智障，系限制刑事责任能力人。2007年6月18日19时7分，郑某某之父到派出所报案称郑某某放学后未回家，怀疑失踪。当日又报称在村边水田处发现郑某某的衣服，民警立即到现场协助查找，并于次日7时30分在该村山边发现郑某某的尸体（经鉴定系他杀）。公安机关立即立案侦查。经过调查郑某某所在学校的教师、同学及同村的人员，发现贺某在案当天离家出走并有重大嫌疑，遂对贺某追捕。同月20日13时35分许，抓获贺某。

J市检察院指控被告人贺某犯故意杀人，J市中级人民法院于2008年10月27日做出判决：被告人贺某犯故意杀人罪，判处有期徒刑10年。

二、原判要点

原判认定，2007年6月18日下午16时30分左右，被告人贺某在村东侧草地，使用石头袭击被害人郑某某，被害人为躲避打击而倒地，贺某即上前用双手掐住郑某某颈部并用随身携带的其母使用的卫生巾塞进郑口内，致被害人机械性窒息死亡。

原判认定上述事实列举了现场勘查笔录及照片，从被害人郑某某喉咙处提取的1片卫生巾，从被害人尸体东侧草地提取的2片卫生巾，从被告人贺某牛仔裤袋内提取的1片卫生巾，从被告人贺某母亲房间内床头墙上塑料袋包装的11片“动感情人”牌卫生巾，户籍资料，法医鉴定结论，司法精神病学鉴定书，证人证言，贺某的供述及辨认笔录等证据材料。

原判认为，被告人贺某故意杀害他人致一人死亡，其行为已构成故意杀人罪。被告人贺某精神发育迟滞，应负部分刑事责任，依法可以从轻处罚。依照《刑法》第232条、第18条第3款、第36条第1款，《民法通则》第119条、第133条和《最高人民法院关于审理人身损害赔偿案件适用法律若干问题的解释》第17条、第27条、第29条之规定，做出有罪判决。

三、二审审理查明的事实和证据

经二审审理，合议庭认为，原判认定事实不清，证据不足，存在以下疑点：

（1）公安机关未及时收集痕迹物证。本案尸体于6月19日发现，未提取死者指甲内容物。尸体被发现时赤裸，有遭受性侵犯的可能，6月20日尸体检验报告显示死者处女膜破裂，侦查机关本应及时提取阴道试纸，卷内材料未反映何时提取了阴道试纸，法医鉴定显示于7月10日、7月26日才提取死者阴道试纸，导致难以认定被害人是否曾遭受性侵犯。

（2）本案仅有贺某的供述，而公安机关违反讯问的程序规定。侦查机关发现犯罪嫌疑人有精神障碍后，讯问时未通知其法定监护人到场，导致其法定监护人对讯问提出质疑。

（3）公安机关未及时收集物证，物证来历不明。公安机关移送审查起诉时未注明曾提取卫生巾。公诉机关在一审法院第一、二次庭审时均未出示卫生巾，第三次庭审时才出示卫生巾，没有提取笔录，导致不能及时查清关键证据的来源，不能确认死者口中是否有卫生巾，不能确认贺某卫生巾来源。

（4）原判未认定被害人是否遭受性侵犯。被害人尸体被发现时全身赤裸，尸体检验报告显示死者处女膜破裂，因何原因造成，原判回避了该侵害事实。

四、处理情况及花絮

（一）鉴于本案存在的证据瑕疵，合议庭意见是发回重审

重审期间，侦查、公诉机关未能提交新的证据材料，未能补正证据瑕疵，对关键物证来源仍不能做出合理解释，J市中级人民法院宣告贺某无罪。J市检察院提出抗诉，省检撤回撤诉。

（二）侦控方证据意识薄弱

（1）未及时对死者是否遭受性侵害做出侦查，遗漏重大侦

查方向；

（2）未及时提取死者生物痕迹；

（3）无提取笔录，关键物证来源不明；

（4）对证据瑕疵不能做出合理解释。

（三）侦控方程序意识淡漠：

抓获贺某及第一次审讯时，侦查人员即察觉贺某智力有障碍，经鉴定确实智力发育迟滞，在随后的审讯中，侦查机关未通知其法定监护人到场或者邀约其他见证人，导致被告人口供存在重大程序瑕疵。

五、法官丝语

公、检、法各有职守，各有权限，各有立场。对于侦控方存在的重大证据及程序瑕疵，法院无义务、无必要为其背书，仍需严格审查相关证据，排除合理怀疑。

崂山道士穿墙入　侦查实验岂可少

——程某某抢劫案

一、背景

Z市周某出租屋三楼出租给一位名叫“阿兰”的租客居住。2008年4月16日该房内不时飘出臭味，多日不见“阿兰”踪影，租住二楼的房客觉得奇怪，便于当日13时许撬开窗叶向内望，发现房内有一具尸体，二楼房客马上向周某反映该情况，周某是随即报警。公安机关接报后，赶赴现场进行勘查及走访调研工作。据现场勘查，案发现场的房门没有撬压痕迹，室内靠西北角的地板上俯卧着一具女尸，上身只穿一件乳白色胸罩，下身穿一条白色休闲裤子，赤脚，双手反捆于背后，尸体已轻度腐败。经调查得知，死者陈某某，四十五岁，卖淫女；邻居最后一次与陈某某见面是2008年4月12日下午15时许。据法医尸检结果，陈某某系机械性窒息死亡。根据现场勘查、尸体检验及现场访问材料分析，本案是一起以抢劫为目的，作案目标明确的杀人抢劫案，犯罪嫌疑人经过了充分预谋和准备、有作案经验，心狠手黑，并对现场情况比较熟悉。2008年4月17日，通过走访陈某某好友，得知陈某某于2008年4月10日将一名绰号叫“岭北仔”的嫖客带回其住处卖淫后，遭到该嫖客的抢劫，由于陈某某的追讨，抢劫未遂。对此经排查发现，绰号“岭北仔”，有吸毒、犯罪前科的程某某有重大嫌疑。4月20日，将犯罪嫌疑人程某某传唤询问。经突审，程某某供认其于2008年4月13日凌晨1时许窜到陈某某出租屋前，用自备工具打开房门，将熟睡中的陈某某杀死，并抢走人民币六十元和一台手机。

Z市检察院指控被告人程某某犯抢劫罪，Z市中级人民法院于2008年10月28日做出判决：被告人程某某犯抢劫罪，判处死刑，缓期二年执行，剥夺政治权利终身，并处没收个人全部财产。宣判后，在法定期限内没有抗诉、上诉，Z市中级人民法院依法报送复核。

二、原判要点

原判认定，2008年4月10日晚，被告人程某某与其之前已认识的被害人陈某某在陈某某租住房内进行性交易，性交易完成后，程某某想抢走陈某某的手机，因陈某某大声呼喊而未得逞。2008年4月13日凌晨1时许，程某某由于身上没钱，萌发了抢劫被害人陈某某的念头。于是步行到陈某某的租住房前，其通过该租住房的窗户看见陈某某在屋内熟睡，遂用在路上拣来的一根竹棍和一段平常放在裤袋里备用的铁线，将铁线穿绑在竹棍的一端，从窗户把房门锁拨开，之后入房扑到床上用脚压住陈某某的腰部，此时，陈某某惊醒过来，忙问："做什么？做什么？"程某某说："要钱。"之后就从墙上扯下一条红色绳子勒住陈某某脖子往后拉，由于陈某某发出"唔、唔……"的呻吟声，程某某拿起枕头捂住陈某某的嘴，并继续勒陈某某的脖子致其不能动弹。接着程某某用一条白色的皮带将陈某某的双手腕部反绑于背后，又用一段电线绑住陈某某的肘部，之后将陈某某从床上搬下放在地板上，用绳子将陈的颈部吊起，挂在墙壁的铁钩上。之后，程某某从陈某某右边的裤袋里搜出人民币六十元，并拿走陈某某放在凳子上的一台手机。最后，被告人程某某用被子和衣物掩盖住陈某某的尸体并关上房门，用之前其用来开门锁的竹棍从窗口伸进拨上门锁的保险，然后携带竹棍逃离现场。经法医鉴定，被害人陈某某属被他人用绳索勒颈致机械性窒息死亡。

原判认定上述犯罪事实列举了经一审庭审举证、质证作案现场提取的作案工具绳子、电线、白皮带的照片，扣押作案工具绳子、电线、白皮带的扣押清单，通讯记录单三份，气象资料二份，公安局出具的说明材料一份，《抓获经过》及《破案报告》，证人证言，被告人程某某的供述与辩解，《法医学尸体检验鉴定书》《刑事化验检验报告书》《检验报告》，现场勘验、检查笔录及照片等证据予以证实。

原判认为，被告人程某某以非法占有为目的，入户以暴力抢劫被害人陈某某的财物，并在抢劫过程中杀害陈某某，其行为已构成抢劫罪。被告人程某某属累犯，本应对其判处死刑，但鉴于本案的具体情形，可不立即执行。依照《中华人民共和国刑法》第263条第（1）项、第（5）项，第48条第1款，第57条第1款，第59条，第65条第1款，第36条之规定，做出死缓判决。

三、复核查明的事实和证据

经审查，原判认定程某某犯故意杀人罪的事实不清，证据不足。存在以下问题及疑点：

（1）现场没有任何痕迹物证，根据被告人的供述以及气象局的证明，案发当天下大雨，现场为何没有脚印？没有查获被告人供述称用于打开房间门的竹棍、铁线，也未查获被害人的手机。

（2）被告人作案动机不明。被告人供述为钱财而作案，供述看见被害人熟睡，进入房间后就扑到被害人身上，为何不盗窃？而直接杀害被害人？如果因惊醒被害人而杀害被害人，仓促之间又如何找到绳子皮带？现场又没有翻动查找财物的迹象，盗窃劫取财物的动机难以解释。

（3）没有鉴定被害人死亡时间，被害人死亡时间不明。

（4）房门锁闭，无撬压痕迹。被告人供述用铁线捆在竹棍上拨开房门暗锁，离开房间时用同样方式锁闭房门，应对其供述的方法做出侦查实验，以确定能否用该方法进入房间锁闭房门。现场勘查笔录没有说明警方是如何进入房间勘查的？没有对被告人供述的出入房间的方法做侦查实验。

（5）被害人从事卖淫职业，并常把嫖客带到住处，被害人姐姐证实，听陈某某说钥匙被偷走，不能排除其他人进入房间作案的可能。被害人职业特殊，属于高发被害人群，不能排除他人基于其他作案动机杀人可能。

（6）被告人供述作案时捆绑被害人的绳子、皮带是在房间内找到的，被告人如何找到皮带、绳子的？被告人没有指认找到绳子、皮带的位置。被告人供述作案当时没有开灯，辨认时又能够准确分辨出捆绑被害人的皮带、绳子以及挂被害人在墙上绳子的颜色和特征，是否存在诱供可能？公安机关让被告人辨认捆绑被害人的绳子、皮带时没有混杂在其他绳子、皮带中，不符合辨认的要求。被害人的邻居或其他熟悉被害人居住场所的人是否曾在被害人住处看见过皮带、绳子？

（7）被告人案发后无异常，经传唤到案，不符合抢劫杀人后逃跑的通常行为。

四、处理情况及花絮

（1）鉴于本案存在的证据不足，合议庭意见是发回重审期间，侦查、公诉机关未能提交新的证据材料。经侦查实验，被告人供述的方法不能打开锁闭房门。Z市中级人民法院宣告程某某无罪。Z市检察院提出抗诉，省检察院撤回抗诉。

（2）事实认定、证据审查不能脱离日常生活经验。本案现场无翻动、房门锁闭，下雨天未留足迹，熟人作案的可能性大，被告人供述的打开房门手段未作侦查实验，供述的作案动机与现场情况不吻合，能够准确描述皮带绳子的特征，但不能说明来历，不符合常理。被害人职业特殊，属高危受害人群，不排除与他人有仇怨等纠纷。

五、法官丝语

一些法官认为，被告人曾供述犯罪事实，不上诉，足以认定其认罪服判，对证据的把握不是特别慎重。

复核审查中，合议庭讯问程某某，其声称没有作案，但因吸毒。有犯罪前科，觉得无脸见人，不如在监狱老死，所以不上诉。

H市中级人民法院曾经判处一起故意杀人死缓案，高级人民法院核准死缓。后来真凶出现，生物痕迹与现场一致。重审时，讯问其当时为何不上诉，其称对社会已绝望，命运如此。在狱中不吵闹、不劳动、不申诉。

上诉与否是当事人的权利，铁案与否仍是法官职守。复核案也需打起精神。

年少智商高 一打就成招

——叶某某、司徒某某等八名未成年人抢劫案

一、背景

2003年3～5月期间，Y市江城内多间网吧、游戏机室相继被人持枪、刀蒙面抢劫，公安机关组成专案组采取多种侦查手段进行侦查。同年5月下旬，公安机关接到特情举报，认为Y市某中学生赵国某或伙同他人具有作案嫌疑。经调查发现赵国某经常旷课，表现极差，与社会青年为伍，便将其列入嫌疑视线。采取其他措施手段进一步掌握赵国某经常与司徒某某、梁某琳、赖某祥、梁照某、张某、陈某华、叶某某等人在一起，在市区宾馆租房聚众赌球，有重大作案嫌疑。公安人员于2003年5月29日22时许在Y市某宾馆701房将以上八人抓获。经审讯，叶某某等八人先后交代参与多起持枪、刀抢劫酒店、宾馆、网吧、游戏机室案。Y市人民检察院指控被告人叶某某、司徒某某、梁某琳、赵国某、陈某华、梁照某、赖某祥、张某犯抢劫罪。Y市中级人民法院经审理，认定八名被告人犯抢劫罪，分别判处有期徒刑十至十二年，并处罚金宣判后，八名被告人提出上诉。

二、原判要点

原判认定：（1）2003年1月13日晚零时许，被告人叶某某、司徒某某、梁某琳、赵国某、陈某华、梁照某、张某等七人经密谋后窜到A山庄，按分工分别持枪支冲入大堂，抢走大堂收银台

8000元人民币后逃离现场。（2）2003年1月28日凌晨2时多，被告人叶某某、司徒某某、梁某琳、赵国某、陈某华、梁照某、赖某祥、张某等八人经密谋后窜到B酒店，梁某琳、陈某华、张某等人持枪支和刀冲入酒店控制住里面的人，洗劫后由在外等候的被告人接应逃离现场。（3）2003年4月5日早上5时许，被告人叶某某、司徒某某、梁某琳、赵国某、陈某华、梁照某、赖某祥、张某等八人经密谋后窜到C网吧，按分工分别持枪支、刀和电棍蒙面冲入网吧对里面的人进行洗劫后逃离现场。（4）2003年4月18日早上5时许，被告人叶某某、司徒某某、梁某琳、赵国某、陈某华、梁照某、赖某祥、张某等八人经密谋后窜到D游戏机室，按分工分别持枪支、刀和电棍蒙面冲入机室对里面的人进行洗劫之后逃离现场。（5）2003年4月19日早上4时许，被告人叶某某、司徒某某、梁某琳、赵国某、陈某华、梁照某、赖某祥、张某等八人经密谋后窜到E网吧，按分工分别持枪支和刀蒙面冲入网吧对里面的人进行洗劫之后逃离现场。（6）2003年5月10日早上4时多，被告人叶某某、司徒某某、梁某琳、赵国某、陈某华、梁照某、赖某祥、张某等八人经密谋后窜到F网吧，按分工分别持枪支和刀蒙面冲入网吧对里面的人进行洗劫，并向窗开了一枪后逃离现场。（7）2003年5月15日早上4时多，被告人叶某某、司徒某某、梁某琳、赵国某、陈某华、梁照某、赖某祥、张某等八人经密谋后窜到G网吧，分别持枪支和刀蒙面冲入网吧对里面的人进行洗劫之后逃离现场。（8）2003年5月18日早上4时多，被告人叶某某、司徒某某、梁某琳、赵国某、陈某华、梁照某、赖某祥、张某等八人经密谋后窜到H网吧，分别持枪支和刀蒙面冲入网吧对里面的人进行洗劫。（9）2003年5月24日晚，被告人叶某某、司徒某某、梁某琳、赵国某、陈某华、梁照某、赖某祥、张某等八人在I宾馆租住309房，并私下密谋抢劫宾馆收银台，商定由被告人叶某某、赵国某、陈某华、赖某祥动手抢劫，梁某琳、司徒某某假装被抢，张某和梁照某在房内等候。后司徒某某和梁某琳叫许宝某和梁丝某等人到房。25日早上4时许，叶某某、赵国某、陈某华、赖某祥分别持枪支和刀蒙面冲入宾馆大堂抢劫。抢劫期间，梁某琳、司徒某某按计划和许宝某、梁丝某宵夜回到宾馆，叶某某等四人又假装抢劫梁某琳等四人之后逃离现场。公安人员到现场后，司徒某某、梁某琳叫张某和梁照某会报案。综上，原判认定被告人叶某某、司徒某某、梁某琳、赵国某、陈某华、梁照某、张某共持枪抢劫九次，被告人赖某祥持枪抢劫八次。

原判认为，被告人叶某某、司徒某某、梁某琳、赵国某、陈某华、梁照某、赖某祥、张某以非法占有为目的，结伙使用暴力或胁迫的方法劫取他人财物，其行为均已构成抢劫罪。被告人叶某某、司徒某某、梁某琳、赵国某、陈某华、梁照某、赖某祥、张某参与九次抢劫，被告人赖某祥参与八次抢劫。在共同犯罪中，被告人叶某某、司徒某某、梁某琳、赵国某、陈某华、梁照某、赖某祥、张某、朱某富积极实施抢劫行为，应依法按其所参与的犯罪处罚。被告人叶某某、司徒某某、梁某琳、赵国某、陈某华、梁照某、赖某祥、张某犯罪时不满十八周岁，依法应对其从轻处罚。被告人叶某某、司徒某某、梁某琳、赵国某、陈某华、梁照某、赖某祥、张某均辩解没有参与抢劫，及其辩护人提出指控八名被告人犯抢劫罪事实不清，证据不足，不构成抢劫罪的意见，均理据不足。依照《刑法》第263条第（4）项、第26条第4款、第27条、第56条、第17条第3款的规定，判决上述八名未成年人犯抢劫罪，分别判处有期徒刑十至十二年。

三、二审查明的事实和证据

经审查，原判认定事实不清，证据不足。

（一）关于原判认定叶某某、司徒某某、梁某琳、赵国某、陈某华、梁照某、赖某祥、张某9次抢劫行为的分析

1. 1月13日A山庄

被告人叶某某、赖某祥未作供述，司徒某某、梁某琳、赵国某、陈某华、梁照某、张某各次供述的作案人数、作案工具、作案经过、抢劫物品等情节前后矛盾，没有一个稳定的交代，且与被害人的陈述不一致，并多次翻供；公安机关在现场提取的指纹、掌纹经检验鉴定未能认定是叶某某等八名被告人所留，公安机关也未能在案发后追缴被告人作案的工具和赃款。仅一名被害人辨认出司徒某某、梁某琳、赖某祥与案犯有点相似，但不能肯定。而赖某祥有证据证实没有作案时间，认定赖某祥参与这次作案证据不足。

2. 1月28日B酒店

被告人叶某某、司徒某某、陈某华、赖某祥未作供述，被告人梁某琳、赵国某、梁照某、张某多次供述的作案人数、作案工具、伤人情况、抢劫物品等情节不一致，前后矛盾，差别很大，没有一个稳定的交代，且与被害人的陈述不一致；并在侦查机关曾翻供否认参与作案、庭审时也否认参与作案。现场勘查没有发现与被告人有直接关系的痕迹物证。公安机关也未能在案发后追缴被告人作案的工具和赃物。两名被害人到庭作证，证实当时辨认出的陈某华、梁某琳、张某是犯罪嫌疑人把握不大，另外三名证人未能辨认出疑犯。

3. 4月5日C网吧

被告人叶某某、陈某华、梁照某未作供述；张某只承认参与抢劫网吧，但没有详细供述抢劫经过；司徒某某、梁某琳、赵国某、陈某华、赖某祥多次供述的作案时间、人数、作案工具、伤人情况、抢劫物品等情节不一致，前后矛盾，差别很大，没有一个稳定的交代，且与被害人的陈述不一致，并在侦查机关曾翻供否认参与作案、庭审时也否认参与作案。现场勘查没有发现与被告人有直接关系的痕迹物证。公安机关也未能在案发后追缴被告人作案的工具和赃物，未能缴获电棍。有证人证实梁照某当晚在家，没有参与这次抢劫，有证人证实张某在广州，没有作案时间。仅一名被害人大概辨认出陈某华是犯罪嫌疑人。

4. 4月18日D游戏室

被告人叶某某、司徒某某、梁某琳、赵国某、陈某华、梁照某、赖某祥、张某多次供述的作案时间、人数、经过、作案工具、伤人情况、抢劫物品等情节不一致，前后矛盾，差别很大，没有一个稳定的交代，且与被害人的陈述不一致，并在侦查机关曾翻供否认参与作案、庭审时也否认参与作案。现场勘查没有发现与被告人有直接关系的痕迹物证。公安机关也未能在案发后追缴被告人作案的工具和赃物。有证人证实张某在广州，没有作案时间。被害人到庭作证，证实当时辨认出的犯罪嫌疑人不是很确定。

5. 4月19日E网吧

被告人叶某某、司徒某某、梁某琳、赵国某、梁照某、赖某祥、张某多次有罪供述的作案时间、人数、作案工具、伤人情况、抢劫物品等情节不一致，前后矛盾，差别很大，没有一个稳定的交代，且与被害人的陈述不一致，并在侦查机关曾翻供否认参与作案，庭审时也否认参与作案。公安机关在现场提取的指纹经检验鉴定未能认定是叶某某等八名被告人所留。公安机关也未能在案发后追缴被告人作案的工具和赃物。有证人证实张某在广州，没有作案时间。被害人也未能从照片中辨认出犯罪嫌疑人。

6. 5月10日F网吧

被告人赵国某未作供述；被告人叶某某、司徒某某、梁某琳、陈某华、梁照某、赖某祥、张某多次有罪供述的作案时间、人数、作案工具、伤人情况、抢劫物品等情节不一致，前后矛盾，差别很大，没有一个稳定的交代，且与被害人的陈述不一致，并在侦查机关曾翻供否认参与作案，庭审时也否认参与作案。现场勘查没有发现与被告人有直接关系的痕迹物证。公安机关未能在案发后追缴被告人作案的工具，扣押的手机未能证实被害人被抢走物品。公诉机关出示的证人证实梁某琳等人到过金铺卖戒指，但被害人并没有被抢走戒指。被害人也未能从照片中辨认出犯罪嫌疑人。

7. 5月15日G网吧

被告人叶某某、司徒某某、梁某琳、赵国某、陈某华、梁照某、赖某祥、张某多次有罪供述作案的人数、作案工具、伤人情况、抢劫物品等情节不一致，前后矛盾，差别很大，没有一个稳定的交代，且与被害人的陈述不一致，并在侦查机关曾翻供否认参与作案，庭审时也否认参与作案。现场勘查没有发现与被告人有直接关系的痕迹物证。公安机关未能在案发后追缴被告人作案的工具，扣押的手机经被害人辨认证实不是被抢走的手机。仅一名被害人辨认出梁照某或张炳雷与案犯相似。

8. 5月18日H网吧

被告人叶某某、司徒某某、梁某琳、赵国某、陈某华、梁照某、赖某祥、张某多次有罪供述作案的人数、作案工具、伤人情况、抢劫物品等情节不一致，前后矛盾，差别很大，没有一个稳定的交代，且与被害人的陈述不一致。八名被告人在侦查机关曾翻供否认参与作案、庭审时也否认参与作案。现场勘查没有发现与被告人有直接关系的痕迹物证。公安机关未能在案发后追缴被告人作案的工具，扣押的手机经被害人辨认证实不是被抢走的手机。被害人也未能从照片中辨认出犯罪嫌疑人。有证人证实，疑犯被误伤左肩，留下血迹，现场笔录也证实有血迹，公安机关未提交现场血迹的鉴定结论，公安机关是否提取，是否做出鉴定，是否为八名被告人留下，八名被告人于该案发后十余日被羁押，有无左肩部有否伤情的记录，这些均无证据证明。

9. 5月24日I宾馆

被告人叶某某、司徒某某、梁某琳、赵国某、陈某华、梁照某、赖某祥、张某多次有罪供述由谁提议作案、参与人员、经过、伤人、抢劫物品等情节不一致，前后矛盾，差别很大，没有一个稳定的交代，且与被害人的陈述不一致，并在侦查机关曾翻供否认参与作案、庭审时也否认参与作案；被害人证实电视解码器被抢，但八名被告人没有一人交代抢到电视解码器；被害人证实宾馆入住的二男二女也被抢，还辨认出其中一人是梁某琳；有多名被害人、证人证实梁某琳、司徒某某也是被抢劫者，梁照某也曾以被害人身份在公安机关陈述。但被告人叶某某、陈某华、赖某祥供述，其与梁某琳等人实施抢劫，梁某琳还用刀划伤服务员的手。在现场提取的指纹经检验鉴定未能认定是叶某某等八名被告人所留。公安机关未能在案发后追缴被告人作案的工具和赃物。

（二）综合全案，把全案作为一个相互联系的整体，原判存在的问题

（1）本案侦查程序不当，不能排除刑讯逼供的可能。八名被告人均属未成年人，按照《公安机关办理刑事案件程序规定》第182条规定，讯问未成年人的犯罪嫌疑人，除有碍侦查或者无法通知的情形外，应当通知其家长监护人或者教师到场。而公安机关在审讯八名被告人时，在举不出通知被告人的家人、监护人到场则会有碍公安机关侦查工作，及举不出被告人的家长、监护人无法通知的依据的情况下，违反规定对未成年被告人进行讯问。八名被告人均在庭审中提出公安机关有诱导、指示、殴打行为，多名被害人、证人也陈述受到公安人员的暗示、指示，现有证据不能排除公安机关刑讯逼供的可能。

（2）本案侦查措施不当。本案公安机关组织辨认人辨认的对象不是犯罪嫌疑人，也不是犯罪嫌疑人照片，全部是犯罪嫌疑人照片的复印件；同时公安人员没有将辨认对象按规定比例混杂在其他对象中，而是将本案的八名犯罪嫌疑人一同混杂在另四个其他对象中，由辨认人作一次性辨认。违反了《公安机关办理刑事案件程序规定》第249条规定，辨认犯罪嫌疑人时，被辨认的人数不得少于七人；对犯罪嫌疑人照片进行辨认的，不得少于十人的照片；公安机关组织被害人对犯罪嫌疑人进行辨认，制作的辨认笔录有的没有见证人签字。违反了《公安机关办理刑事案件程序规定》第251条的规定，辨认经过和结果，应当制作辨认笔录，由侦查人员签名，辨认人、见证人签字或者盖章。组织被害人辨认时，未按规定由其描述嫌疑人特征，有的辨认时公安机关有提示，要求随便认一下，有的二人同时在同处辨认。原判认定第一项事实所采信辨认笔录，谢丝某辨认，与案犯有点相似：原判认定第二项事实所采信辨认笔录，庭审中林青某、杨让某否定了在公安机关所作的辨认，并证实两人同时辨认，相互讨论：原判认定第三项事实所采信辨认笔录，项雪某大概辨认出陈某华疑犯；原判认定第四项事实所采信辨认笔录，庭审中冯宝某否定了在公安机关所作的辨认；原判认定第七项事实所采信辨认笔录，张明某在一组十二张照片复印件中，辨认出梁照某与案犯相似。

（3）关于被告人供述，被告人叶某某、司徒某某、梁某琳、赵国某、陈某华、梁照某、赖某祥、张某在侦查机关曾翻供否认参与作案，庭审时也否认参与作案。在庭上均辩称，其供述不是事实，有些细节是公安机关提示的，现场辨认笔录是公安机关叫其去的，其没有参与抢劫。被告人的辩护人辩称，被告人供述的作案人数与被害人陈述不一致，各被告人的供述不能作为定罪的证据。且各被告人都还作过无罪供述。八被告人在多次有罪供述中对每一次作案的情节，如由谁提议作案、经过、伤人、抢劫物品等均不一致，前后矛盾，相互矛盾，差别很大，没有一个稳定的交代，且均与被害人的陈述不一致。八被告人在公安机关曾供述除原判认定的九次抢劫外，还供述抢劫其他十多个地方，如抢劫暴风、广艺、新时代、三中等网吧、合时酒店等，据公安机关调查核：实新时代、暴风、广艺、高手网吧和合时酒店负责人员，均证实没有发生抢劫案；有的报案被证实没有被害人；有的已被证实是其他人所为；八被告人的有罪供述欠缺相应的证据予以证实，众多疑点无法排除，不足以采信。《刑事诉讼法》第46条规定，对一切案件的判处都要重证据，不轻信口供，只有被告人口供，没有其他证据的，不能认定有罪和处以刑罚。

（4）本案涉及大量物品、工具、痕迹，包括枪支、刀具、电棍、摩托、现金、银行卡、手机、戒指、项链、手表、香烟、解码器、皮包、口罩、帽、包、指纹、掌纹、血迹等，现有证据不能确认作案工具，不能确认查扣的枪支、刀具为作案工具，不能确认作案工具由谁提供。原判仅简略认定八人持枪、刀作案九次，持何枪刀，从何而来，现在何处均无证据证明多处现场提起的指纹、掌纹不能认定是八名被告人所留。有证人证实5月18日世纪网吧被抢劫时，疑犯被误伤左肩，留下血迹，现场笔录也证实有血迹，公安机关是否提取，是否做出鉴定，是否八被告人留下均无证据证明本案侦查未能起获作案工具、赃款赃物，未能证实赃款赃物的去向，不能证实销售赃物的情况，原判认定赃款赃物已被挥霍，但不能证实如何挥霍。

（5）原判认定八名上诉人经密谋，按分工实施抢劫，所得款物用于挥霍，但原判未查明八人作案前在何时、何地如何商议谋划，如何分工，作案工具存放于何处，如何获取作案工具，在何处聚集，如何到达作案地点，如何离开作案地点，案后如何销赃，如何分赃，如何挥霍，未查明八人在共同的团伙犯罪中的地位、作用。

（6）根据《最高人民法院关于审理未成年人刑事案件的若干规定》，在法庭审理过程中，一审法院了解到本案叶某某等八名被告人由于父母平时疏于管教（有的被告人的父母经济状况好，对被告人在外面消费不予过问），加上被告人贪图玩乐，在学校无心读书，经常聚集在酒吧、宾馆赌球。输钱后，有的被告人将手机、戒指卖掉，有的被告人向外人借钱，以致被公安机关列入有重大作案嫌疑。尽管上述行为可反映出八人是问题少年，但仍难以说明八人有抢劫的动机和目的。

（7）公安机关补充材料中多名证人证实，2003年三四月份被告人张某在广州，仅在2003年4月13日至14日返回过Y市，无充分证据证实其有作案时间。对于被告人张某是否有作案时间，控辩双方证据均不充分，按照刑事诉讼的证明责任和无罪推定、疑罪从无的原则，应当做出有利于被告人的推断。

（8）本案侦破由“特情”提供线索，提供线索人员与被告人叶某某、司徒某某、梁某琳、赵国某、陈某华、梁照某、赖某祥、张某是否认识，有无冲突，有无矛盾，有无提供虚假线索诬告陷害的可能都需要进一步查证。

四、处理情况及花絮

（1）根据案件现有材料判断，合议庭认为，本案事实不清，证据不足，存在错案、冤案的可能，撤销原判，发回重审。

二审中Y市党政领导前来协调，声称网吧、游戏室、酒店频发抢劫，治安压力巨大，要求二审维持原判。合议庭答复必须建立在事实和证据基础上，二审法院不可能放弃事实底线迎合治安大局。同时为避免Y市中级人民法院下放审级回避省院二审，合议庭发文明确告知Y市中级人民法院，吸取湖北佘祥林错案的教训，不得将此案移交基层人民法院管辖。

经省公安厅重新组织侦查，仍未查找到指向八名被告人的客观证据，公诉机关采纳二审合议庭意见，以证据不足为由撤回指控。

（2）多名被告人供述的案件，应当注意审查供述之间的差异或高度雷同，注意审查客观证据、证人证言、被害人陈述与被告人供述之间能否相互印证。

（3）一审法院在案件合议时已经注意到侦查机关讯问、辨认等存在的程序瑕疵，已经注意到几乎没有任何客观证据指向八名被告人，已经注意到其中有些被告人有证据证实没有作案时间。在此情况下，一审合议庭未对相关证据列表比对，找出其中的逻辑错误，仍做出有罪判决。

（4）原判认定的最后一宗抢劫，多名被告人当时在现场玩耍，也被抢劫并报案。侦查机关仍将其列为犯罪嫌疑人，并认定是内外勾结，故意设局。不到十八岁的问题少年，是否有如此高智商的作案手腕，是否需要采取如此高智商的作案手段？

五、法官丝语

服务于大局，本是司法的功能之一。但为大局服务应建立在恪守司法底线、尊重司法规律、遵守司法程序、正确发挥司法职能的基础上。有时为大局服务被错误解读。对于经办法官而言，时过境迁，若有错漏，谁来服务于你自己的大局？

无悔过往　不惧未来*

——一个法学生的法庭生涯

很高兴能够与90后同学们分享我的“90后”职业经历。看到同学们一张张青春洋溢的脸，我仿佛回到二十年前。

1993年夏天，我毕业离开母校。当时由于家庭经济困难放弃报考研究生。那时候大学生毕业是包分配的，当然作为只有背影、没有背景的我，从没指望能够有好单位、好岗位。严格的户籍制度下，从哪来回哪去，除了极少数异地分配外，绝大部分毕业生都回原籍。我回到原籍分配到了原县级曲靖市法院，然后又派到了经济、交通、文化最差的东山法庭。

怀揣着成为职业法官的职业理想，我开始了职业生涯。这里成为我法官职业的第一站，这里开始演绎我的法界江湖。也是从这里开始，我实现了从一个法学生到一个法律工匠的蜕变。

曲靖当时是县级市，建置是基层法院，除法院机关之外，还

---

* 本文系2015年5月16日在西南政法大学律师校友联谊会第50期大律师论坛上的发言修改稿。

设有两个城区法庭、五个乡镇法庭。同年共有五个大学毕业生被分配到曲靖市法院，在曲靖市法院机关简单培训了几天后，分别到五个乡镇法庭报到。

东山属于汉、回、彝、苗、布依多民族聚居镇，是曲靖经济社会交通最差的乡镇，是距城区最远、人口最多、面积最广的山区，镇政府所在地（高家村）距城区六十二公里，区域面积四百二十平方公里，自南向北呈狭长状，近十万人。南边是农区，主产烟草，北边是矿区，出产煤和铅锌矿。

我去法庭报到时，曲靖市法院派了一个老法警驾驶一辆警车相送。从市区出发，水泥路、柏油路、坦石路、沙土路，路况越来越差。进入山地后，路面崎岖陡峭，急弯、长坡不断。艰难地爬上一个长坡，路边巨石嶙立，天气由晴转阴暗了下来。老法警戏言，“这就是传说中的山门口，过了这个口就进入你的地盘了”。我笑，“这里是设卡打劫收保护费的好地方。”英雄所见略同，我想到的大家也都想到了。爬上长坡，交警、路政、林业、烟草、煤炭等五六个行政执法岗位依次排列。

二十年前，社会物质条件还比较匮乏，法庭与宽敞明亮、雄武威仪这几个形容词几乎没有关系。八十公里路程颠了五个小时，终于到了东山法庭。东山法庭没有自己的办公楼，在镇政府的一栋三层旧式红砖房中借用了五间。四间用于住宿，一间用于办公。办公室分内外两隔，里间存放档案资料，外间两桌三长凳，用于办公开庭。靠近门口的办公桌上放着一部老式手摇电话，内战片里国军连长用的那种。我们后来常常说自己一参加工作就享受连长待遇。没有车辆、没有电脑、没有手机，交通基本靠走，通讯基本靠吼。后来配置了一辆三轮摩托，再后来配置了一辆北京吉普。

东山法庭的设置相当于民庭，庭长相当于民庭副庭长，科员级。十几年后，为切实解决法庭留不住人的困境，庭长改为副科级。再后来一些地方改变了每个乡镇设置法庭的做法，集中设中心法庭，庭长高配正科。当时法院人员主要来自三个途径：军队转业、社会招干、学生分配。乡镇法庭条件差、事务杂，庭长是当地人，20世纪80年代社会招干进入法院，其他几位同事都是刚毕业的学生。

刚毕业的我们苦中作乐，艰苦的条件丝毫不影响我们对工作、对生活的热情。送达、记录、订档、宣判、调解、开庭、文书制作，各项工作逐渐上手。按曲靖市法院的分工，东山法庭办理刑事自诉案件、民商事案件。诉讼法并不被严格遵守，自审自记是常有的事。那时还没有实行立审分离、审执分离，我们是立案、审判、执行一条龙服务。案件标的很小，也没太多的技术含量，主要案件类型是离婚、小额债务、故意伤害。自我感觉根本用不着四年本科法学教育，参加个农村青年法律培训班，知道《婚姻法》第25条过不下去就离，《民法通则》第108条欠债还钱、第119条打人赔钱就足够混饭吃了。调解历来是人民司法的优良传统，用尽各种手段促使原被告和解，直至互联网+的时代，才从理论上知道我们那时自发地熟练运用了信息不对称原理。每年会有两三次在赶集的日子协助曲靖市法院院机关和上级法院开宣判会，宣判会上最震撼的一句总是由中级人民法院领导喊出：“验明正身押赴刑场执行枪决。”

法庭的经费来自于曲靖市法院院机关拨付，受制于地方财政，全院的经费常常入不敷出，甚至无法保障人员工资和基本办公支出，更谈不上福利。除了办案外，法庭还需要参加以经济建设为中心的各项党委政府工作。催粮派款、刮宫引产、缉私打假、清税收贷、防火防盗、护路护矿……计生、工商、税务、水利、农林、农村信用社，等等，有事都会来喊。出工有补贴，罚款有提成，我们也乐于参加。社会治安、综合治理人人有责，我们毅然加入了公安派出所的联防队，参与到抓赌、抓嫖、维护治安的神圣事业中。总设计师南方讲话解放思想的东风也吹到了西南。办公司、经济调解中心、有偿法律服务、法庭设到企业、与银行税务财政合办调解室、执行室，院机关也不亦乐乎地司法为民。当然作为乡镇法庭，是没有这样的业务的。背着小书包到企业、机关找案源，为了点诉讼费执行费返还，争管辖、争执行，与兄弟庭室、上级法院抢饭吃。现在回头看，审判是副业，经济建设是主业，倒也符合党中央的政策。在乡镇四年，最大的收获是接地气，最大的困惑是太接地气。我后来一直说，中国法官尤其是基层法官是世界上素质最高的法官，我们要懂法律、懂政治、懂经济、懂社情民意，还会用枪械、警绳。

二十年前毕业时，我在同学的留言簿上写下了："沉者自沉，浮者自浮，各安其命，各归其所。"我的本意并不是宿命，而是各自努力、各自珍重。体制内职级始终是稀缺资源。东山法庭庭长在多个乡镇法庭工作二十年后调回院机关，一直停留在副庭长位置，副科。早我一年同样是西南政法大学毕业的同事在东山法庭足足十九年，回到执行局交流到检察院任副职，正科。早我一年的另一同事，调离法院到了纪委。晚我一年的另一同事，在法庭也是十几年后调回院机关，去年任庭长，副科。此前、此后，其他法庭的同事，发展最好的做到副院长位置，许多没有任过院庭长、没有行政职务的普通干警，工作三十多年退休时依然是科员。个体的命运深深地烙上时代的印迹。

青年时代最基层的办案经历和社会兼职，在穷困的山乡磨炼，曾经目睹贫穷、愚昧、罪恶以及不公不义，也感受到了社会最底层的纯朴真挚、深情厚谊，对中国农村矿区有了深切的认知。法庭四年，我受到了最好的社会教育，彻底领悟了信仰法治的意义。法庭四年，磨炼了我的意志，形成了我豁达乐观、平和、大度的人生态度和处世性格。法庭四年，收获了终生的友谊，收获了人生的积淀。二十年法院生涯，“四个五”司法改革，我走过了我们时代大多数法院人走过的路，付出了青春和梦想，见证了社会进步的点点滴滴，也经历了法治建设的路转风回，虽然艰难但无悔。

二十多年来，国家法治一直在进步。党委、政府、政法、律师、法务、风控，全社会、各行各业对法律服务的需求、对法律人才的需求持续增加。全社会投放到法治建设中的物质条件、物资装备持续改善。培养储备重用了一大批法律人才，本科、硕士、博士，法律人才的学历也越来越高。法治意识、法治实践、遵守游戏规则渐渐成为社会共识。法院从各项经济建设中心工作中脱离出来，回归到审判、执行的主业，回归到司法自身的社会功能。但因科技、商业、文化等其他领域的社会变革太快，权利诉求、利益表达来得太猛烈，显得法治还是走得慢了些。

长江后浪推前浪，经过六十多年的国家建设，经过六十年的社会积累，90后的同学们没有太多的物质压力，没有太重的历史负担，强烈的自我、张扬的个性、权利意识、平等意识，90后的法学生一定能够演绎出更精彩的人生。90后的同学们已经或即将走上社会各行各业。如果到了最基层从最基础的工作做起，即便卑微如尘，也不要迷失高贵的灵魂。如果未来，同学们成为政界、商界、法界的精英，掌握权柄、财富、话语，请俯身看一看社会的最底层，听一听他们的声音。

最后，请允许我用一句话赠送给同学们和我自己：在人生的路上，永远不要停下奔跑的脚步。

法途何方

——浅谈法学生的职业选择

又到毕业季，从校园到社会，从法学生到社会人，年轻人在迷茫与困惑中如何职业规划与选择？

从基层法院到高级法院再到自由法律人，二十年的法律职业经历，我走过不少弯路，也得到不少收获，曾经痛并领悟着。今天很高兴能够与大家分享我的职业经验和对法学生职业选择的粗浅认识，希望能够帮助到法学生们的职业规划与发展。

职业是社会人的基本标签，职业也决定了你的朋友圈、生存态。法学生的职业选择关系到你将成为什么样的人，你将过什么样的生活，十年、二十年、三十年后的你又将是什么样子的？

首先我要发布一个不好的消息：法学生就业率目前处于高校毕业生倒数前三位。

法学生的职业选择无非是两种：“衙门”行政、事业单位和“江湖”。法学生首先面临的选择是要不要报考公务员？

打算报考公务员的请举手？打算报考检察院、法院的请举手？

与我观察预判一致，公务员考试在降温，报考检察院、法院的热度也在急剧降温。

衙门分党政、政法。党委政府人大政协对法学生的需求量不大，专业相关度不高，每年法学生直接考录的不多，不展开谈。政法口是消化法学生最主要的入口，其中人民法院尤其是基层人民法院具有典型性。选择江湖主要是作法务和律师。法务与衙门相似，区别在于衙门为朝廷服务，法务为土豪服务。律师在法律职业中人数最多、业务最广、分层最严重。

我今天主要谈谈法院和律师，一个是法律帝国的王侯，一个是自由职业者。检察院可参考法院，日子略微比法院舒服些，压力比法院小些。

先谈法官职业。

法科学生在学校里都学过宪法、各级国家机构的组织法，我就只作简单介绍。我国法院分为基层人民法院、中级人民法院、高级人民法院、最高人民法院四级。此外还有专门法院即军事法院、海事法院、铁路运输法院。面广、案多、人多的是基层人民法院。基层人民法院设派出法庭。

在外部，法院按行政区域设置。级别也与行政区域级别相对应。

在内部，法院内设机构分业务部门和综合职能部门。综合职能部门有办公室、政治部、纪检监察、研究室、审判管理办公室、赔偿委员会办公室、司法警察大队等。

办公室负责处理司法公务、会务、信息、文秘、档案、督察、财务、装备、后勤、保卫、外事、接待、总值班、保密和办公自动化、计划生育、离退休、内外联络与协调等工作，高级别的法院分设处室。

政治部负责干部人事、机关党建、宣传、教育培训等，主抓灵魂深处。

监察室与纪检组合署办公，顾名思义负责纪检监察、廉政建设。

政策法律研究室，此处有写手出没，负责辛苦地码文字。

审判委员会办公室，审判委员会是法院最高审判机构、业务决策部门，审判管理办公室服务于审判委员会。

赔偿委员会办公室，执行国家赔偿法。

司法警察大队，不用多解释。

立案、审判、执行业务部门实行立案、审判分离，审判、执行分离，审判、监督分离的原则。

立案庭负责受理、决定是否立案，登记，保全，诉前联调，申诉，申请再审，来信平访，审限流程管理，排期开庭，法律文书收发、送达等工作。近年来该处工作一直很繁忙，立案登记制实施后，发达地区法庭立案庭的工作更呈井喷之势。

刑事审判庭（根据案件类别分刑一、刑二、少审），审理刑事公诉、自诉、附带民事诉讼案件并定罪量刑，直指公民、法人的生命、自由、财产、尊严。我在前文《司改笑谭之二七种武器中》称之为“夺命枪”。

民事审判庭（根据案件类别分民一、民二、民三、民四、民五等，管辖案件类别各地不一），审理民商事案件，权衡民事权利、义务、责任，我称之为“铁算盘”。

行政审判庭，审理行政争议案件，审查具体行政行为的合法性，民告官中的立案难、审判难一直未能解决，我称之为“铁鞭子”。

执行局，内设裁判组、强执组、综合组、指挥中心等，执行生效判决裁定。很多年前执行局被看作是干粗活的，现在执行局的技术含量越来越高。

审判监督庭，对已发生效力的审判书、裁定书、调解书执行审判监督程序、提请再审等。我国诉讼程序设置和司法实际运行中，终局裁判的司法权威一直没能确立。

法庭，基层法院派驻乡镇、街道、社区、企业的触角。

除了上述机构外，法院还有一个法院组织法、三大诉讼法都没有规定的最重要的机构，谁知道是什么机构？

党组！一切领导认为最重要的、需要集体决策、集体负责的事项，其中最重要的是人事权，由党组决定。党组由院长、副院长、政工科长、纪检组长等领导组成，他们决定了你在该法院的命运和未来。

法院的主营业务是什么，即法院主要干什么？

在立案信访，立案登记环节，案件上升使得流水线作业增加。在送达中，难以送达、拒绝签收的情况仍未解决。

审判包括刑事审判、民商事审判、行政审判、国家赔偿等。诉讼程序由一系列精致的节点组成，庭前准备、证据交换、开庭、书写裁判文书（结案报告）、宣判。诉讼程序也有一系列精致的规则。

执行是遭遇冷暴力和亲密肢体接触最多的部门。我自己在基层人民法院时也有幸在“执行大会战”中被暴力。

除了审判、执行的主业外，法院还有许多副业，越是经济落后、社会发展水平低、法治进程迟缓的地区性，法院的副业越多。如，作会务、调研，搞文宣、党建，进行各类政治学习、各级领导讲话学习等。普法，送法进社区、学校、部队、工矿、农家。维稳，越是重要节日、重大会议期间，维稳任务越重。此外，还有招商引资、计生、打假、安监等服务各阶段党委政府中心工作等社会活动。

讲了法院的主营业务和副业，再谈谈执掌国家司法权力的法官的生存状态。

先分享几句法言：法官是以人的身份执行神的事业。法官是法律帝国的王侯。法官神秘而威严，是法律人的追求和梦想。这几句话，相当激动人心是不是？

机关总是与编制、职级、考核相关联。

历史原因造成了法院编制复杂，有行政编即公务员编又分中央政法编、地方政法编、事业编、工勤编、编外。有财政全拨款的，有财政差额拨款的，还有法院自筹资金的。报考公务员前一定要清楚编制性质。有没有编制、有没有身份，决定了你未来的上升空间、职级待遇、工作强度。建议编外不考虑，事业编慎重考虑。

宪法规定了人民代表大会之下的一府两院机制。但现实中，法院职级低于同级地方政府，只有院长高配半级高于政府内设部门行政长官。直辖市、特区、计划单列市、省会城市领导职级高于普通地区。在具体级别上，省高级人民院长是副省级、中级人民法院院长是副厅级、基层人民法院院长是副县级，而同级地方政府首长分别是省级、厅级、县级。同级地方政府内设部门分别是厅级、处级、科级。高级人民法院副院长是厅级、庭长是处级。中级人民法院副院长是处级、庭长是副处级或正科级。基层人民法院副院长是正科级、庭长是副科级。

法院设立了专门负责考核的部门和人员，考核包括上级的、本地的、本院的，考核部门是管理者而不是服务者。机关党办、政治处、办公室、审管办、调研、宣传、纪检监察每一个部门都要展示存在感，考核是最直接的方式。考核既有业务类考核，也有事务类考核。业务类考核也引入了EMBA。业务类考核有调解率、撤诉率、结案率、发改率、信访（终身负责、首问负责）。事务类考核有政治学习、教育整顿、三个代表、“三严三实”……同学们莫摇头，组织上还要求交电子版本。

法官实际上就是：法律民工，拿着农民工的工资，干着哲学家的活，操着菩萨的心，受着神的苛责。

法官政治待遇低，晋升渠道狭窄，晋升缓慢，职位少、职级低，职业通道呈金字塔状。在审判工作中，常受到权力、金钱、关系、社会舆论、维稳等案外因素干扰。在执行工作中也常遇到冷暴力、侮骂、诽谤、威胁、打击报复、直接亲密肢体接触。在法院特别是基层人民法院中，案多人少，法官工作负荷过重。法官的工作可用“五加二”“白加黑”来形容，经常忙忙碌碌、疲于应付，同时又谨小慎微、如履薄冰。法官在面对沉重工作压力的同时，收入却很低。而且，激励机制欠缺，干多干少一个样，甚至是干多错多。在个别地方，法官在做好本职工作的同时，还要承担招商引资、拆迁、扶贫、创文工作。由于法官职业的特殊性，行为受约束，需谨言慎行，低调平和，不能有太多个性、太多自我。在社会变革导致利益诉求、权利表达、意识形态的多样化、撕裂化的大趋势下，法官注定将孤独前行。

司法改革来了。正在进行的司法改革对法学生职业选择有什么重要影响呢？

长期利好。随着中央依法治国方略的实施，去地方化、去行政化、外部以法院为中心、内部以法官为中心，实现精英化，提高职业保障、职业尊荣将成为主流方向，司法的生态环境也会得到持续改善。

中短期利空。随着编制与员额制，案件终身负责制、错案追究制的实施，做好一名法官更难了。实行逐级选拔制度，法官需从基层人民法院做起，这意味着到中级人民法院、高级人民法院当法官更不容易了。员额制改革将法院工作人员划分为法官、辅助人员、行政管理人员。按此制度，现有年轻法官可能降格为法官助理。而且法官职位空缺一个补充一个，什么时候才能轮到法官助理担当法官呢？有的资深法官干了大半辈子了，一夜变成“员外”。年轻人就慢慢等吧。未来将面对社会选拔法官，竞争变激烈了。法官单独序列，与党政交流的通道阻塞了，再往党政转就难了。谈了很长时间的法官职业保障迟迟不见落地。法官终身任职，非因法定事由不受降职免职，法官只服从于法律与良知，法官只对不正当行为负责，法官不受非法追责。这些基本理念在实践中的实施，只能等待了。

谈完了法官职业，拿到法院、检察院报到证的同学内心是不是有点小憧（tang）憬（te）？

下面说说律师职业。

《民主与法制》总编刘桂明是这样评价律师职业的：“看起来很美，说起来很烦，听起来很阔、做起来很难。”

为了平复已经拿到法院、检察院报到证同学的情绪，我发布个律师界的坏消息：全国包括北上广深一线城市的律师收费连续几年低增长、负增长，进入了产能过剩新常态。

律师的社会定位：法律服务者。接受当事人委托，收取当事人费用，提供法律服务，为当事人合法权益发表法律意见、提出法律解决方案。律师的产品、能力、人品必须接受市场的检阅，契合社会的需求。

某资深律师感慨：律师生存发展三个字：熬、累、险！

熬！

需要长期积累：人脉、学识、经验、阅历。机遇、优质客户、优质业务源，都需要长期经营。对于律界新人，传统律所的分配机制是无底薪、提成制，起步期无工资或低工资。备受磨练。大多数传统律师事务所都要求律师自带案源、自己找米下锅。

累！永远没有安全感。

客户不稳定、业务来源不稳定、收入不稳定、竞争激烈，手停口就停。自己的身体自己负责。钱在客户口袋里，时间、精力、行程追随着客户。全国二十七万律师，分层严重，标准的二八定律（20%的律师占了80%的收入，反之80%的律师占了20%的收入。律师事务所、律师之间贫富不均，做得风生水起的律师，身边几乎都是上市公司老总。而“穷矮挫”律师，手中几乎都是交通事故、劳动争议、小额诉讼案，强烈的民工感。律师永远在加班或加班的路上，生存发展的压力无时无处不在。

险！

律师的社会地位与全社会法治状况相匹配，在社会主义初级阶段的初级法治水准下，律师社会作用较小。不完善的职业环境造成了律师执业风险较大。在执业中律师除了自身的错误失误，还有外在压力、利益诱惑等，面临复杂状况，律师时常与公权力碰撞，也会遭遇被客户跑单！

律师永远需要选择。诉讼还是非诉，交际还是钻研，接单或不接单（收费可观但不是自己或律所擅长的、违背个人价值观的）。律师常常需要选择，拒绝不喜欢的客户，拒绝不擅长的事项。律师职业作为社会服务业，接触社会面广，最有意义的事情就是面临就接受各种挑战。律师是一个停不下脚步的职业，需要不断学习。知识陈旧、观念老旧、技能单一的律师将被淘汰。律师的艰辛通常也会得到回报，经济收入会增长，情商会增长，心脏会强大肥大，因为你要与客户、对手在各种状态各种规则下玩，也会遇到公权力的傲慢和小职员的折腾。

律师业的未来前景怎样呢？是否值得满仓买进、长期持有？

中短期看，法律服务业受本轮经济周期影响，在经济下行，人口红利消失，传统法律需求减少，购买法律服务的消费意愿下降成为新常态下，法律服务业自身也面临转型升级的压力和机遇。

长期看，改革红利释放，经济社会转型升级完成，经济上新台阶，产生新的法律消费点。随着依法治国、法治昌明、司法改革以及法治共同体建设，律师执业环境也将得到提升。

如果决定从事律师行业，如何选择执业地点、业务方向呢？根据自身兴趣爱好、性格、条件选择。

法律消费是典型的高端低频个性化服务业，与经济发展紧密相关，法律服务需求、消费能力、律师收费与社会经济发展水平紧密相关。经济发达工商业活动多，法律需求就多，法律消费能力就强。资源集中于北上广深一线城市和省会城市。围绕未来择业城市的产业结构、经济结构有选择性地强化某些技能。在公司制管理的律所，管理规范、制度完备，有底薪、有教育培训、有成长空间。

对于刚进入律界的年轻人来说，应寻找一个好的平台，接触高端业务。在协助或主办业务过程中注重经验总结、积累，慢慢奠定扎实的法律功底，以及培养严密的逻辑思维能力，良好的社会关系。通过标准化产品、经典诉讼、媒体等途径营销自己。

另外，先当公职人员积累也是一个路径。近几年来法院已经成了律师培训中心。

这几年议论最多的是：法官怎么了？

几年前最高人民法院面向高级律师、法学专家招法官，无人报名。近年，最高人民法院害怕被冷遇，不敢面对律师、专家招法官了，开始拿出“硬菜”请客，招聘庭处长领导职位。

今年上海面向律师招高级法官，某从业十五年、不到四十岁的律师直接被聘为三级高级法官。同龄同资历法官通常是二级法官，理论上该法官仍需至少无障碍奔跑十二年才能达到该律师得到职级，对于大多数法官而言，到退休也做不到三级高级法官。

陕西今年招录法院工作人员，大多数基层职位无人报考。

法官吐槽多了，调动多了，出走多了；从中西部到发达地区，从法院到党政机关、科研院校，从法官到律师。

更多的人在纠结：坚守还是逃离？

围城内外都很好奇对方，体制内外对比，各有哪些优缺点？

公职人员最大的优点是稳定，一旦有编制，你的能力不需要接受市场检阅，按时发放工资，不用去销售自己。最大的缺点也是稳定，朝九晚五沉闷的机关生活，职级始终是稀缺资源，你的级别、薪酬可能几年、几十年不变。一眼看到头，从入职的第一天就知道退休那一天。

律师行业最大的缺点是挑战，你需要接受市场、客户、甲方的检阅，需要时时追随经济、社会、文化、科技的发展，知识、技能、阅历、经验、人脉随时需要启动升级版。最大的优点也是挑战，你的未来不可知，你并不知道三十年、二十年、十年后自己是什么样的，甚至于你的明天也不可知，有太多的可能与机遇、风险和陷阱。

朋友们常常问我，在体制内浸润了二十年，在体制外玩了大半年，对体制内外有什么感觉？

体制是有编制的江湖，江湖是无编制的体制。

（2015年6月于深圳）

非法语

旧作新词，选录成篇。语非法律，言无法意。不关刀笔事，无干法官职。无以名之，且名非法。

沁园春

读史

二十四史，
千年陈迹，
可堪卒读？
看王朝兴衰，
德刑文武；
将相功过，
进退荣辱；
书生倜傥，
侠士风流，
笑谈秋月傲江湖。
伤心处，
惜黄龙未捣，
壮志难酬。

故国几经风雨，
演无数悲欢离合剧。
想中原逐鹿，
英雄云集；
疆场弯弓，
狼烟四起；
宫廷惊心，
宦海沉浮，
是非成败谁评叙？
回首时，
正不尽残阳，
空照古墟。

（1991年秋于渝）

沁园春

评水浒

天罡地煞，
一百单八，
聚义一堂。
看旌旗展处，

乱了朝纲；
英雄去后，
归了宋江；
今日招安，
明日招安，
书生抚掌叹梁山。
志若张，
如汉季黄巾，
直捣洛阳。

世事从来荒唐，
把荣辱兴衰作笑谈。
想不辨龙蛇，
孰为正统；
难分官贼，
谁是叛党；
说甚纲常，
怕甚纲常，
败则草寇成则王。
酒微狂，
恰月破云天，
山高水长。

（1991年10月于渝）

猎鹰答问

新历年后，旧历年前，得北京东城法院@刘建勋法官《水调歌头 与猎鹰书》，襟怀高远。某不才，拟猎鹰答之，不知解其意否？

水调歌头

与猎鹰书

刘建勋

傲物本天性，羁绊误风流。
年来入骨疲病，试酒更添愁。
纵有章台勋业，复以轻裘宝马，点点几蝇头。
与子寄心曲：不与稻粱谋。

七尺身，三世愿，一层楼。
意遥事远，念念何必总扁舟？
借尔云中双翼，去我笔端《孤愤》，谈笑几沉浮？
隐隐青山外，江海信天游。

水调歌头

猎鹰答书

刘仕毕

身随大风起，影寄云飞扬。
若问此程去处，但言北溟还。
秉承天地正气，借御阴阳玄机，日月几轮转？
不解鸿鹄志，安知易水寒？

前尘事，身后名，今时欢。
袖里乾坤，情非得已酒自狂。
慢论刀笔俗务，且看云端日出，胸中豪情荡。
明月照沧海，寰宇清波漾。

（2013年1月22日于穗）

菩萨蛮

咏成吉思汗

驰骋大漠怒射雕，
纵横欧亚卷狂飙，
立马自横刀，
壮气干云霄。

长城任我度，
黄河安可阻？
挥鞭问中原，
谁道不风流？

（1992年4月于四川达州）

江城子

秋

满眼凄凉对残秋，
西风紧，霜林醉，
水落山高，寒月唤孤鸿。
无边秋雨惹人愁，
伤心处，泪空流。

几许韶光曾辜负，
杜鹃啼，留人驻，
为觅封侯，只影寄江湖。
故园千里绝音书，
问斜阳，几时误？

（1991年9月于渝）

春日感怀

仲春二月，岭南春早，宿于河源万绿湖畔镜花缘。三面环湖，背倚青山。碧水微波，林翠涧幽。鱼戏船头，鸟鸣树间。野径花迎，雾满江亭。细雨斜风，心怡神从。经纶何功？刀笔何用？

即兴口占：

借得浮生酒半颓，信步湖畔惹翠薇。

春满山花鲈鱼廻，钓取江风一篓归。

（2013年4月6日于广东河源）

中秋感怀

天道茫茫渺无踪，人生如梦梦如风。

月上中天心镜明，坐看云舒说禅宗。

（2012年中秋夜于穗）

初秋早起

残月未落晓星寒，晨风初起觉衣单。
山川寂寥人犹梦，云天浅淡雁成行。

（1993年11月于云南曲靖）

深秋即景

枯藤无骨斜倚树，
残阳如血落照秋，
行人未归天已暮，
烟雨江南路。

风过高冈荻花残，
月上平林竹影淡，
雾锁清江箫声寒，
晓梦泪潸然。

（2011年10月于江西婺源）

读《般若波罗蜜心经》

万物本为空，无生亦无灭。
生灭无可执，喜乐何所念？
心性自观照，心镜自空明。
出尘不离尘，何用诵心经？

（1992年4月于渝）

佛诞日偶读《圆觉经》

旧历四月初八，大乘佛徒传为如来佛祖肉身诞辰日，众寺以盛大法会纪念之。路经一寺，听梵音阵阵，观香烛袅袅。寺外有佛经赠阅，随手抽取《圆觉经》一阅。归家，经文全忘，经义未解。成一偈：

有生必有灭，千年几刹那？
无灭亦无生，菩提本空华。
因缘因因缘，非法非非法。
万千世尊相，一粒恒河沙。

（2013年5月17日于穗）

马

万里秋高马行空，横行无忌气势雄。
踏沙绝尘显神骏，掣电惊雷赛飞龙，

（1993年10月于云南曲靖）

咏蟋蟀

悲风残月冷杀秋，饮霜噙露我独鸣。
奋胸鼓翼声震天，萧瑟平林满战音。

（1993年11月于云南曲靖）

百字令

无题

叹
神伤
意难忘
脉脉守望
缘聚缘还散
忆春绿江南岸
大明湖畔夏荷畅
雁字回时长亭秋晚
怯问严冬何事苦摧残
人却道起落浮沉皆是幻
惊觉一池碧水风吹乱
年年岁岁花谢花繁
雪拥关山鬓染霜
谁料冷月孤寒
愁来愁更满
细细思量
芳心颤
梦短
怅

怅
梦短
芳心颤
细细思量
愁来愁更满
谁料冷月孤寒
雪拥关山鬓染霜
年年岁岁花谢花繁
惊觉一池碧水风吹乱
人却道起落浮沉皆是幻
怯问严冬何事苦摧残
雁字回时长亭秋晚
大明湖畔夏荷畅
忆春绿江南岸
缘聚缘还散
脉脉守望
意难忘
神伤
叹

（2013年6月 于穗）

咏战国游士

三寸舌不烂，胸藏兵百万。
仗剑游帝都，雄辩说君王。
纵横复开阖，风云任变幻。
身败功业亏，敢问笑者谁？

（1993年5月于渝）

渔家傲

长征火箭

金剑出鞘弓在手，
刺破青天射苍穹，
飞龙腾身啸长空。
且看我，
重振神州旧雄风。

强手如林夸长技，
岂能无我一席地？
愚公有志泰山移！
齐努力，
装点江山更美丽。

（2000年6月于云南曲靖）

问天

年少才志高，气壮胆亦豪。
无语问苍穹，何日试霜刀？

（1989年8月于云南曲靖）

自明志

少年壮怀天下志，鸿鹄高飞万里程。
鲲鹏展翅唳青天，海阔天空任纵横。
常恨百年太苦短，不敢无为度平生。
对酒当歌古来多，书剑留名有几人？

（1989年7月于云南曲靖）

戏赠崇儒者

少年壮志干诸侯，潦倒惶然丧家狗。
游说列国不得意，归家闭门习古书。
始皇焚书复坑儒，二世自掘骊山墓。
汉武尊儒黜百术，文贤不及董仲舒。
唐宗开馆纲贤才，走马长安状元郎。
十年寒窗人尽尝，身登龙门有几何?
宋祖临朝笑迂腐：“之乎者也，何助之有”？
肆行狂荡百夫长，堪叹书生总不如。
自古士人多穷途，劝君投笔莫读书。

（1992年12月于渝）

四十杂感

大块假我一皮囊，庄周梦蝶蝶梦庄。
笑看白云变苍狗，风烟净处月满江。

（2011年9月于穗）

咏韩信

寄食漂母悲穷苦，俯胯桥头忍大辱。
暗隐月色问萧何，明修栈道度陈仓。
背水出奇破赵兵，四面楚歌惊霸王，
兵不厌诈先设谋，刀光剑影伏未央。
为报汉祖知遇恩，安知末路断头颅。
百战奇谋何所用？兵书不及帝王术。
千里难寻封侯路，秦地犹存拜将坛。
鸟尽弓藏古今是，几许王侯笑淮阴？

（1993年12月于云南曲靖）

游三苏祠

巴山蜀水毓灵秀，三苏文章炳千古。
大江东去悲华发，赤壁泛舟唱风流。
诗书求名非本意，屈贾伤心无明主。
击水三千总枉然，对月把盏又何妨。

（2010年10月于四川眉山市）

揽镜

世事多坎坷，江湖催人老。
发白形影瘦，谁言正年少？
四顾皆茫然，来去两无途。
且学李谪仙，对月聊解忧。

（2010年10月于穗）

无题

蓝天上一朵白云，秋夜里点点繁星；
缀满山花的幽谷，游鱼嬉戏的小溪；
茫茫人海中，你的身影，
都曾俘获我的心，把我的视线牵引。

（1991年11月于渝）

观棋

纵横十九路，驰骋三百六。
静坐陶性情，对弈会良友。
黑白错落看分明，阴阳相间算仔细。
开盘布局谋在先，大意粗心悔无及。
抢占要地夺关津，高屋建瓴谁人敌?
中场鏖战须在意，生死存亡一口气。
扳长飞跳尖冲断，因势利导因情异。
权衡得失决取舍，勿因小利误大局。
无根浮棋难长久，子厚势雄显威力。
收缩退守求自保，往来冲突图宏举。
分进合击需韧劲，迂回包抄勇第一。
轻躁狂进落险境，优柔寡断失战机。
终局收官短兵接，寸土不让莫客气。
世事变幻如棋局，搏杀二字是精义。
成则王侯败则寇，从来英雄重输赢。

（1993年6月于渝）

百字令

秋意

月
圆缺
清秋节
风狂雨怯
霸陵曾伤别
零落一地黄叶
天边孤鸿声似咽
长亭短亭相思难却
问世间是非成败谁写
色色空空空空色色顿觉
叹红尘悲欢离合无解
眼角眉梢此恨怎歇
携酒花前人醉也
云汉迢迢半斜
梧桐疏影曳
白露如雪
凭栏且
明灭
夜

（2014年9月18日于穗）

纪念辛亥革命一百周年

国运坎坷育英豪，世事艰难皓首穷。
百年沉沦今再起，风云际会为谁雄。
指点江山傲古今，激扬文字笑从容。
漫洒热血润丹青，怒向云天射苍龙。

（2011年10月于穗）

保卫钓鱼岛

倭呼尖阁岛，我称钓鱼台；
地理非琉球，自古华夏土。
甲午割我地，丁丑侵我疆；
八年共抗战，鞑虏败仓皇。
军国未肃清，右翼复猖狂；
跳梁演闹剧，东海起风云。
昔招天地谴，今惹神人怒；
安得英雄出，一雪百年辱。

（2012年9月18日于穗）

蓝

秋夜，昏黄。
轻风，拂栏。
红唇，微张。
温润，如兰。
醉了谁的心房？

溪流，潺潺。
落英，瓣瓣。
谁在谁的耳旁，
呢喃？
月光，
斑驳了谁的忧伤？

天边，
一抹淡淡的，
蓝。

（2013年10月于穗）

毕业二十周年聚会

回母校西南政法大学参加毕业二十周年同学聚会，熟悉的是面容，模糊的是记忆，远去的是青春，无言的是红尘。

不经意间，
总有一些身影，
攻陷彼此的城。
不设防时，
总有一份情感，
敲开尘封的门。
懵懵懂懂的曾经，
谁是谁的女神?
断断续续的记忆，
模糊了岁月的痕。
一去不回的时光，
带走张扬的青春。
行色匆匆的步履，
迷失喧嚣的红尘。
当爱已成往事，
谁在痴痴的等?
夺眶而出的泪，
清澈了谁的真?
寂寞堆砌的石阶，

醉了冬日的黄昏。
蜿蜒流淌的小河，
向谁诉说月的冷？

（2013年11月3日于渝）

走过

——致岁月

不知不觉人到中年。走过春秋冬夏，走过雪月风花，走过爱欲悲欢。

当春风拂栏
初吻
羞涩的眼神
慢慢心醉

当夏荷绽放
凝眸
少年的思绪
久久涟漪

当秋叶飘零
父亲
沧桑的背影
渐渐老去

当冬雪纷飞
故乡
模糊的梦境
依依相随

从日出到日暮
青春
留不住
匆匆的脚步

从潮起到潮怒
红尘
找不到
曾经的心路

从旅途到归途
灵魂
载不动
岁月的孤独

（2014年元旦于穗）

致西南政法法学系八九级

——毕业二十周年聚会记

今夜 雨夜

婉约宋词 一阙

绵绵的 思念

醉倒你的 眼

你是否如我 无眠

又或者 已然忘却

月光 目光

谁斑驳了谁的 忧伤

窗边 郁郁葱葱歌乐山

槛外 静静悠悠嘉陵江

凝眸 相望

你的心颤 我的惆怅

来路 去路

大江无语 东流

莫问 何处归处
笑言此处 有雾
中原 曾经逐鹿
书生总是 痛哭

红尘 红唇
迷失你的 热度
人说 草木一秋
何不相忘 江湖
那年 青春一触
于你于我 永久

（2014年4月24日于穗）

盘古*

第一节 混沌

1

混沌的宇宙啊，
荒蛮的世界！
没有日的光，
没有月的光，
没有星的光。
只有无边的黑暗！

2

混沌的宇宙啊，
荒蛮的世界！
没有太阳的光热，
没有燃烧的火焰，
没有爆炸的炽烈。
只有冰冷的严寒！

---

* 本组诗来自华夏创世纪神话。

3

混沌的宇宙啊，
荒蛮的世界！
没有天体的碰撞，
没有帝国的兴亡，
没有思想的反叛。
只有永恒的循环！

4

混沌的宇宙啊，
荒蛮的世界！
没有闪电掠过长空，
没有惊雷轰鸣天外，
没有巨浪肆虐汪洋。
只有沉寂的死亡！

5

混沌的宇宙啊，
荒蛮的世界！
没有苍鹰盘旋云际，
没有游鱼嬉戏水底，
没有雉兔优游山野。
只有虚无的幻影！

第二节 觉醒

6

在黑暗中孕育着光明，
在严寒中孕育着温暖，
在虚无中孕育着实体，
在沉寂中孕育着爆发，
混沌的宇宙啊，
孕育着
一个伟大的生命
诸神之神，盘古
把乾坤扭转
把天地开创！

7

婴儿的可畏乃是成长，
稚弱的幼体包含
未来的发展，
生命的意义乃是觉醒，
认识自己的价值，
是生命的实质。

8

经历了亿万年的沧桑，
亿万年黑暗中徘徊，
忍受了亿万年的严寒，
亿万年绝望的彷徨，
盘古醒了！

9

宇宙的第一束光亮，
不是日月星的光芒，
盘古悚然睁开双眼，
把周遭的世界打量：
这是怎样的一个世界，
目光所到只有虚无一片；
目光看不见的地方，
仍是黑暗无边；
辨不出西东，
分不清北南，
前不见来路，
后不见归途，
左也是弥漫，
右也是弥漫，
如烟又如雾，
似有却还无。

10

宇宙的第一声巨响，

不是地动山摇霹雳逞狂。

“咚咚咚”宽阔坚实的胸膛下，

盘古的心脏搏动稳健雄壮，

蓄藏着无穷的力量。

身内的心血澎湃奔流，

身外的世界污浊冷酷，

奔腾的热血怎容得羁绊，

对光明的向往，

终必战胜黑暗。

“咚咚咚”盘古的胸膛内，

分明是战鼓声响，

可谁是他的敌人？

哪是他的战场？

11

宇宙的第一道闪电，

不是阴阳离子的分合聚散。

智慧一刹那在盘古的头脑飞闪，

“我是我，不同于这混沌的虚无！”

12

盘古醒了，
经历了亿万年的黑暗严寒，
忍受了亿万年的寂寞羁绊，
盘古忽然发现：
再不能习惯看不见一束光亮；
再不能容忍得不到一丝温暖；
再不能屈服身外的束缚；
再不能随世飘蓬把自己遗忘。

13

谁说必须固守命定的轨迹？
谁说必须忍受永恒的孤寂？
被摆布被支使被玩弄
没有一点自由，没有一点欢畅，
在这样的世界里为神，
有什么乐趣？
我要寻找属于自己的天地！

14

我要用我的眼，
把宇宙看穿！
我要用我的手，
把乾坤扭转！
我要用我的血，
把世界温暖！
我要按照我的心意，
跳出命设的牢房！
我要凭借我的神力，
推翻天界的秩序！

15

这个世界从来就是这样，
你为什么偏要逞强？
说什么要把天地开创！
快快抛开你青春的冲动，
掂一掂你的份量
有没有扭转乾坤的力量？
变革现实的代价足够高昂，
天地再创宇宙更生之时，
你的魂灵也将消散永不复还。

16

为什么一切现实都不容更改？
为什么所有的偶像都必须膜拜？
难道必须舍弃美好的志向，
只为了维持阴秽的尘寰？
难道必须扼杀旺盛的生机，
只为了捍卫衰朽的权威？
我是我的偶像，
我只崇拜我自己，
我不怀疑我的能耐，
我只奇怪这样的世界
能够亿万年存在？

17

你的主张太偏狂，
这个世界的确不怎么样，
它能亿万年存在，
自有它的必然。
在你之前，
早有过更激进的主张。
快快熄灭你心中的火焰，
安安稳稳的作神，
莫做那英雄的迷梦。

如果你失败，
你将被逐出神界，
背负叛逆的罪名；
即使你成功，
你的生命也将完结。
因为这个世界本是你的母体，
是你生命的源泉，
你怎能完全斩断？

18

如果我服从命运，
我就能亿万年为神，
可是我的眼终会昏花，
我的心终会消停，
我的血终会滞凝，
我的力终会衰竭。
即便是神，
也有难逃的劫数。
我追求不朽的生命，
这样的命运
我怎能接受？

19

亿万年庸碌为神，
不过是行尸走肉，
失去灵魂的躯壳，
再长也是空。
一瞬间轰烈为雄，
造就万古的光荣！
即便我的躯体毁灭，
我的灵魂将会
超越生与死的界限永存！

第三节 永生

20

我的心脏已疲倦，
我的血汗已干涸，
我的气力已衰竭，
改天造地的事业，
耗尽我所有的气力和心血，
我的生命啊，就要完结。

21

我的眼睛化作
日月和群星，
在天地之间轮转巡回；
我的肌肤化作
山岳平川和丘岭，
哺育无数的新生命；
我的筋骨化作摩天巨柱，
支撑天与地；
我的血脉化作
滚滚长河涓涓细流，
汇成汪洋大海，
泛滥飓风和潮汐。

22

我死了吗？
我不曾死！
我不会死！
唯有创造才是生命的真谛，
我的创造再现我的生命，
我的生命与我的创造融为一体。
只要创造的精神永在，
我的生命将长存天地！

23

我就是天，

我就是地，

我就是山岳河海日月群星，

我就是整个宇宙乾坤！

我没有死，

我不会死。

（1991年9月于渝）

煤与火

煤要求火的爱情，火给了他。

煤与火燃烧着、亲吻着、簇拥着、翻滚着。煤舒展着、呻吟着，感到热、感到力、感到美，不再冰冷，不再黑丑，不再慵懒无力。渐渐地火把煤抱得更紧、包围着、吞没着、撕裂煤整个身躯。煤终于化为一缕烟，留下一摄灰，依旧冰冷，依旧丑，依旧无力。

煤因爱而获得新生，因爱而遭受毁灭。在最后的刹那，煤是否后悔付出真情？

有多少人害怕沉沦而拒绝燃烧？有多少人愿意为了飞升而献出生命？

生的悲哀，死的恐惧，爱的疑惑，情的痴迷，不尽的相思，刻骨的依恋，欲罢不能，欲说还休。

（1992年夏于渝）

秀才可用，不可大用

“秀才造反，三年不成”。的确，如果只有秀才，三百年也干不了一件正事。但如果没有秀才，仅靠莽汉也不能把皇帝拉下马。诸葛亮不能披挂冲锋、过关斩将。猛张飞也不懂隆中决策、联吴抗曹。读书人并非毫无优点、无处可用。倘要进取，运筹帷幄、决胜千里靠书生。倘处盛世，典章制度、礼乐教化靠书生。倘逢乱季，歌功颂德、粉饰太平也靠书生。可见，秀才可用。

但秀才不可大用。凡读书人都免不了读书人的毛病。

其一：酸。

“君子动口不动手”。说得多做得少。四体不勤、五谷不分，不知稼穑之艰难，不知民生之疾苦，尤其不善于领会领导的意图。书本知识多，实践技能少。或脱离实际纸上谈兵，或眼高手低志大才疏。开口“之乎者也”，闭口“从理论上说”，上不喜民窃笑，只好呜呼哀哉，卷铺盖走你。

其二：狂。

自以为“诗云子曰”，或是古非今诽谤朝政，或激扬文字指点江山。文学游戏可以玩，但只限吟风弄月。江山者，一家一姓之江山，岂容他人指点。本已穷困潦倒，还妄称摧眉折腰事权贵。最硬的是拳头，最利的是刺刀，脊梁膝盖算老几。

其三：迂。

独善其身尚且不能，还指望兼济天下。明知权贵好色胜于好德，还频送秋波。总以为掌握真理便能打通关，却不知强权眼中，焉有真理存身之处。有幸为主子出谋划策建功立业，以为可永享皇恩，不知“高鸟尽，良弓藏”，打完野兔，猎狗远不及叭儿狗讨人欢心。

读书人只要有其中一种毛病，做事便不大稳妥，只能给个小官，免得秀才骂娘，听了烦躁，却不可委以重任。好在读书人是毛不是皮，皮不可不要，毛随时可以剃掉。

（1992年夏于渝）

醉酒图

骂古人早已成为一种时髦，否则便不够潮。然而祖宗的产业也使子孙阔气不少。四大发明不必再提，等待强拆的古老建筑阻挡不了城市扩张的步伐，现代人懒得理会儒道释是什么。前人留下的遗产中没有被时代淘汰也没有被感情脆弱者诅咒的不多，其中酒大约是现代人最乐意接受的古文明产物。

何时何地由何人酿出第一滴酒已经无从考证。据说酒是土产国粹并非舶来品，这足以使爱国者感到欣慰。又据说酒的发明由来已久，可以从另一侧面证明华夏文明源远流长，远非蛮夷之邦可比。酒无处不在，几乎无时无事可以无酒，更足以表明炎黄子孙为世界文明增辉不少。

无酒不成宴。无论是王公贵人，还是平民百姓、佳作落魄的才子、闺中伤春的佳人；也无论是喜庆佳节普天同庆，还是巨星陨落举国皆哀，都离不开酒。或举杯庆祝图个吉利，或借酒浇愁聊以自慰。官场得意连升三级，财路通融一本万利，酒不醉人人已自醉。赌场失利，情场失意，不醉不归。有人是天生的海量，一斤两斤不醉。有人靠后天的培养，一次比一次经受住考验。有人逢酒必尽，有人遇酒必逃。新朋来访，故人远游，迎宾会、饯别席，酒逢知己千杯少，一醉方休不醉不休。喜结良缘要喝交杯酒，将上刑场来碗临行酒。有人醉后狂言语惊四座，但酒话不是话，只当是胡说。有人酒醉心明白，打死也不说。有人三杯下肚，白脸更白；有人酒未沾唇，已赛过红脸的关公。江湖好汉大块吃肉、大碗喝酒，堪称豪爽。文人墨客浅酌低唱、偎红倚绿，自标风雅。

关云长温酒斩华雄，纠纠武夫，百万军中取上将首级。李太白斗酒诗百篇，翩翩文士，才高八斗傲一时王侯。青梅煮酒论英雄，吓煞刘备。鸿门设宴斗心机，便宜了高祖。杜康酿酒刘伶饮，替他人作嫁衣裳。张公吃酒李公醉，此中原由有谁知。刘伶醉酒，朋友为他担忧，立下遗嘱："我醉死何处就在那里把我埋了"。何其洒脱！"莫使金樽空对月"与其有身后之名，不如有杯中美酒，何等通达。阮籍但愿长醉不愿醒，日日沉醉酒乡。赵匡胤杯酒释兵权，周公瑾佯醉赚蒋干。有人因酒成事，有人因酒亡国。有人旧瓶装新酒，打着先人的旗号卖自己的私货。有人新瓶装旧酒，换汤不换药，新潮名词满天飞，店里其实售古董，以改革之名，行复古之实。

无酒不欢，能醉是福。三杯下肚，眼花了、脚重了、走路飘了、舌尖颤了、话多了，搞不清自己是谁了。忘却人间烦恼事，不知天地为何物。三五好友，一杯浊酒，坐看云舒，畅谈风物，方悟功名是粪土。屈原冷眼看朝堂，"众人皆醉我独醒"。岳飞精忠报国，宁愿"弦断知音少"，不愿卑身悦当朝，不能醉，终于含冤风波亭。倘若潇洒些，众人皆醉我也没醒，随波逐流与世沉浮，不走在最前、不落在最后，不出风头不垫底。认认真真说废话，实实存在干虚活。不求有功，但求无过。屈原、岳飞恐怕虽不能万寿无疆，或可以身体健康。

（1992年夏于渝）

难得糊涂不糊涂

月有阴，天有雨，人有不如意，免不了满肚子牢骚气。

自以为掌握了真理却永远驳不倒强权的逻辑。升官无望又断了财路，学业无成又被朋友踹了一脚，措着胸口隐隐的痛。勇助落水者反倒落了水。忠心报国“莫须有”，投机取巧折了米。立志守节备受公婆叨唠，分明是婊子却拿到朝廷的贞节牌。

难防备哪有陷阱和圈套，情根未断凡缘未了，既不愿削发为僧遁入空门远离红尘，又不忍自绝生路一了百了从此干净，于是在房中挂一幅叉手叉脚似有无限怨气的“难得糊涂”，来个眼不见心不烦，或归隐山林，或吟风弄月，或沉沦酒乡，或梦死温柔。两耳不闻窗外事，一心一意装糊涂。

糊涂有用。郑板桥活了八十几，难得。

糊涂没大用。眼不见心不烦，眼若见还得烦。臭狗屎还是臭狗屎，绝不因不看它而成香馍馍。倘不走路，便不会摔跤，倘继续走，还得碰壁。若要吃饭，免不了为五斗米折腰。倘不折腰，只好饿死。

聪明难。智商一百二，为人二百五，博士其实是傻瓜。糊涂更难。古今事，一笑之。不怪此间有狗屎，怪自己不近视。嬉皮笑脸干正事不易，一本正经开玩笑也不易。人生如梦，梦如人生，好梦难成恶梦多。由聪明而糊涂尤其难。忍把红尘看破，何堪壮志消磨？欺人易，自欺难。不会说话易，会说话难，会不说话更难。知道何时该说何话，何话何时都不能说，特么难。

知道糊涂难得便不糊涂。

（1993年5月于渝）